L'AVEVGLE DE SMYRNE.

TRAGI-COMEDIE.

PAR LES CINQ AVTHEVRS.

A PARIS,

Chez AVGVSTIN COVRBE', Imprimeur & Libraire de Monseigneur Frere du Roy, dans la petite Salle du Palais, à la Palme.

M. DC. XXXVIII.

Auec Priuilege du Roy.

A MONSEIGNEVR

MONSEIGNEVR LE MARQVIS DE COVALIN, COLONEL DES SVISSES, &c.

ONSEIGNEVR,

I'aurois fort mauuaise grace de vous offrir cette Tragi-comedie, si ie ne croyois que vous n'aurez pas moins de diuertissement à la lire, que vous en auez eu à la voir representer; ou si ie n'étois bien asseuré que les bonnes choses, de la nature de celle-cy, vous plaisent plus d'vne fois; Et qu'il est peu de personnes, qui aiment plus passionnement que vous faites, tout ce qui porte le caractere de la Vertu. Puis que c'est vne verité manifeste, il me sieroit mal, de la vouloir publier; & quand ie m'étudierois à le faire, mes paroles n'adioûteroient rien à vostre Gloire, veu qu'elle éclatte assez d'elle mesme. Pour vous bien loüer, MONSEIGNEVR, ie n'ay seulement qu'à dire, que vous estes digne imitateur des HEROS de vostre illustre Maison; que leurs Vertus sont nées auecque vous, comme la Valeur & la Generosité sont naturelles aux Lions, & qu'elles vous mettent generalement dans l'eſtime de tout ce qu'il y a d'honneſtes gens, qui ont l'honneur de vous approcher. Auſſi vous ſont-ils toûjours conſiderables pour leurs bonnes qualitez, & particulierement pour les Ouurages de leur Eſprit. Ce qui me fait croire, MONSEIGNEVR, *que celuy-cy vous ſera d'autant plus agreable, que les beautés & les graces n'en ſont pas vulgaires. Que ſi ie prens la hardieſſe de vous le preſenter, encore qu'il ne ſoit pas de moy; c'eſt pource qu'ayant eu le ſoing de luy faire voir le iour, il eſt raiſonnable que ie l'aye auſſi de luy chercher vn AZlie, & qu'aſſeurement il n'en ſçauroit auoir vn meilleur que ſous voſtre protection, ny moy vn plus grand bon-heur que celuy d'eſtre auoüé,*

MONSEIGNEVR,

Voſtre tres-humble, & tres-obeiſſant
ſeruiteur, BAVDOIN

AV LECTEVR.

SI l'Inuention eſt l'Ame de la Poëſie, ie ne doute point, LECTEVR, que vous ne trouuiez parfaitement animée cette Piece de Theatre, où ſont exprimées auec vn Art merueilleux les amertumes & les douceurs de la plus noble de toutes les Paſſions. Bien qu'elle ait pour titre L'AVEVGLE, les lumieres ne laiſſent pas d'en eſtre ſi viues, qu'elles font aduoüer à nos Muſes, que c'eſt Apollon qui les a luy-meſme produites. Amour, à qui les Poëtes donnent la gloire d'auoir autresfois deuelopé le Cahos, demeſle icy d'étranges intrigues; & par vn trait de Magie, qui luy eſt naturel, il ſe ſert des yeux de la Beauté qu'il a bleſſée, pour rendre la veuë à vn Amant qui l'a perduë. Il veut qu'à ſon exemple ceux qui ſe voilent de ſon Bandeau, ſoient à la fin clair-voyans. Il leur cache ſes Myſteres pour vn temps;

puis il les reuele tout à coup ; & pour leur apprendre qu'il eſt ſçauant dans les ſecrets de l'aduenir, il eſt enſemble l'illuſtre ſujet, & l'Interprete miraculeux de la pluſpart des Oracles. En voicy vn qui ne s'éclarcit que par luy, apres auoir eſté prononcé dans le Temple de Delphes en termes obſcurs; d'où cet abſolu Monarque des Cœurs, tire des ſujets de ioye, & des ſuccés agreables. Il monſtre par là, qu'il n'eſt pas toûjours Autheur des Tragedies, comme quelques-vns l'ont voulu dire, puis qu'il rend icy Comique l'euenement du dernier Acte de ce Poëme. Vous le reconnoiſtrez LECTEVR, ſi vous auez la patience de le voir entierement ; & pourrez iuger de ce que vaut cét Ouurage, ſoit par l'excellence de ſa Matiere, ſoit par la Forme que luy ont donnée quatre celebres Eſprits. Ce qui leur promet (quelque ſentiment contraire que leur modeſtie leur faſſe auoir) que cette Tragicomedie aura l'aprobation qu'elle merite, & qui ſe doit attendre en ſemblables Pieces, du Iugement qu'on en peut faire ſur le papier, plutôt que de l'aplaudiſſement du Theatre.

ACTEVRS.

ATLANTE, Prince du Senat.
PHILARQVE, Fils d'Atlante.
ELIANE, Fille d'Atlante.
OLINTHE, Mere d'Aristée.
ARISTEE, Maistresse de Philarque.
PHILISTE, Riual de Philarque.
TERFILE, Confident de Philarque, & amy d'Atlante.
ALCINON, Guide de Philarque.
PAVLINE, Confidente d'Aristée.
SILENE, Geollier.

La Scene est en l'Isle de Smyrne.

Extraict du Priuilege du Roy.

PAR Priuilege du Roy donné à Paris le 28. May, 1638. Signé CONRART, & seellé du grand Sceau, il est permis à AVGVSTIN COVRBE Libraire à Paris, d'imprimer ou faire imprimer, vendre & distribuer vn liure intitulé, *L'Aueugle de Smyrne, Tragi-Comedie, par les cinq Autheurs*, Faisant deffenses à tous Imprimeurs & Libraires de ce Royaume, d'imprimer ou faire imprimer, vendre ny débiter d'autres impressions que celles dudit COVRBE durant le temps & espace de sept ans, à compter du iour qui sera acheué d'imprimer, sur peine aux contreuenans de quinze cens liures d'amende, payables sans déport, & de tous dépens dommages & interests, & de confiscation des exemplaires, comme il est plus amplement contenu en l'original dudit Priuilege.

Par le Roy en son Conseil, Signé, CONRART.

Les Exemplaires ont esté fournis, ainsi qu'il est porté par le Priuilege.

Acheué d'imprimer pour la premiere fois, le 17. Iuin, 1638.

L'AVEUGLE DE SMYRNE, TRAGI-COMEDIE.

ACTE I.

SCENE I.

PHILARQVE, TERFILE.

TERFILE.

Es bras ainsi croisez, & les larmes aux yeux,
Frappant du pied la terre, & regardant les Cieux,
Que veut dire Philarque?

PHILARQVE.

Ah! i'ay trop de courage,
Pour commettre iamais vn si perfide outrage.

TERFILE.

Quel fascheux accident luy causant ces transports,
Agite également son esprit & son corps?

PHILARQVE.

Au secours ma Raison, i'ay besoin de tes armes.

TERFILE.

Ses mots entrecoupez de souspirs & de larmes,
Ses farouches regards, son geste, & sa couleur,
Tesmoignent qu'il succombe aux traits de la douleur.

PHILARQVE.

Ouy, ie mourray plustost, que iamais il arriue,

TERFILE.

Quoy?

PHILARQVE.

Vous m'auez ſurpris.

TERFILE.

Quelle peine exceſſiue
Fait que depuis trois iours ie vous voy ſouſpirer?

PHILARQVE.

Helas! i'ay bien ſujet de me deſeſperer.

TERFILE.

Ne m'apprendrez-vous point d'où voſtre mal procede?

PHILARQVE.

I'ay deux forts Ennemis; mon mal eſt ſans remede.

TERFILE.

Hé bien, eſt-ce là tout?

PHILARQVE.

Ils ſont à redouter.

TERFILE.

Nous ſommes deux auſsi, courons les ſurmonter;
Nous en viendrons à bout, s'ils ne ſont inuincibles.

PHILARQVE.

Les pourriez-vous trouuer, puis qu'ils ſont inuiſibles?

TERFILE.

Hé quoy, ne ſont-ce pas des hommes comme nous?

PHILARQVE.

Non, ces deux Ennemis redoutent peu nos coûs;
Et les efforts d'vn Dieu me ſeroient neceſſaires.

TERFILE.

Mais encor, qui ſont donc ces puiſſans Aduerſaires?
Où ſont-ils?

PHILARQVE.

Dans mon cœur ; il leur ſert de ſejour.

TERFILE.

Dans voſtre cœur, hé qui?

PHILARQVE.

La Vengeance, & l'Amour.

TERFILE.

Ce ſont deux Paßions, dont la moindre eſt capable
De rendre pour iamais vn eſprit miſerable :
Mais encor, quel ſujet vous porte à vous vanger?
Et quels maux en aymant, vous peuuent affliger?

PHILARQVE.

Deux mots vous l'apprendront, puis qu'il vous prend enuie,
Cher amy, de ſçauoir l'hiſtoire de ma vie.
Mon Pere eut autrefois aſſez de cruauté,
Pour vouloir ſans raiſon forcer ma volonté,
Et me faire eſpouſer vne autre que la Belle,

A qui ie suis lié d'vne chaine eternelle!
Ie fais ce que ie puis, pour arrester sa main,
Comme il alloit signer cet Arrest inhumain:
Ie parts, pour euiter ce triste Mariage;
Ie m'esloigne de Smyrne, & fais vn long voyage.
Il fut à mon depart touché de desplaisir,
Et cesse à mon retour de forcer mon desir;
Qui, grace aux Immortels, à mon ame asseruie
Au plus aymable Objet qui respire la vie;
Mais qu'auec cette ioye il mesle de douleurs!

TERFILE.

Pourquoy ioint-il ainsi les épines aux fleurs?

PHILARQVE.

Il pense que Philiste ait ma Sœur subornée.

TERFILE.

Que vostre sœur ainsi se soit abandonnée?

PHILARQVE.

Il le croit, & s'attend que par vn lasche effort,
Sans me battre auec luy, ie luy donne la mort.
Dieux! cette lascheté n'est-elle pas extreme?

TERFILE.

Le faire ainsi mourir?

PHILARQVE.

Plutôt mourir moy-mesme.

TERFILE.

Ce qu'il veut, n'est pas iuste.

PHILARQVE.

Il parle absolument,
Et veut que i'obeïsse à son commandement.

TERFILE.

Mais que luy dites vous?

PHILARQVE.

Que ie ne le puis faire,
Parce que la Raison m'ordonne le contraire
Qu'en traistre ie le tuë? & vengeant vn affront,
Qu'il m'en demeure vn autre imprimé sur le front?
Croit-il bien reparer la honte de sa Fille,
Deshonorant son Fils, & toute sa Famille?
Voudroit-il abuser par cét assaßinat,
Du tiltre glorieux de Prince du Senat?

Se vanger en Tyran, & par cette licence,
Faire dans toute l'Isle abhorrer sa puissance?
M'a t'il fait Assaßin? suis-ie lasche, & sans cœur?
Il m'a donné la vie, il veut m'oster l'honneur;
Qu'il me laisse l'honneur, & ie luy rends la vie:
Ouy, i'ayme beaucoup mieux qu'elle me soit rauie,
Que d'aller faire vn coup de Lasche & de Cruel;
Ie veux bien voir Philiste en vn iuste duel:
Mais ie croy, qui plus est, que mon Pere s'abuse,
C'est, c'est peut-étre à faux que Philiste on accuse.
Retirez moy de doute, & faites, iustes Dieux,
Esclatter l'Innocence, ou le Crime à mes yeux;
Et ie soûtiendray l'vne, ou ie vengeray l'autre,
Afin de conseruer mon honneur, & le vostre.
Mais i'apperçoy mon Pere.

TERFILE.

Allez le consoler.

PHILARQVE.

L'éxcez de la douleur m'empesche de parler.

SCENE II.

ATLANTE, PHILARQVE, TERFILE.

ATLANTE.

O Ciel qui ſi long temps m'auez eſté propice,
Qu'ay-ie fait, pour tomber du feſte au precipice?

PHILARQVE.

Rien mon Pere.

ATLANTE.

Ah mon fils! hé bien, auois-ie tort?
Philiſte & vôtre ſœur n'étoient-ils pas d'accord?
I'étois vn vieil Réueur, & dans vôtre creance,
Ie ſupoſois vn crime à la meſme Innocence;
Mais ie les ay ſurpris, ie les tiens en priſon,
Et ſans vôtre ſecours, i'en auray la raiſon,
L'effort de vôtre bras ne m'eſt plus neceſſaire,

Pour donner à ce Traître vn supplice exemplaire;
Il mourra dans les fers, accablé de tourmens,
Autant de fois & plus, qu'il viura de momens.

PHILARQVE.

Mais s'il est Innocent?

ATLANTE.

Ah que viens-ie d'entendre!
Pouuez vous bien sans crime vn tel crime defendre?
Ils sont dans ces prisons, & ie vay de ce pas,
Par vn honteux supplice auancer leur trépas.

PHILARQVE.

Mon Pere,

ATLANTE.

Ha! laissez moy.

PHILARQVE.

Dieux! que pensez vous faire?

ATLANTE.

Mon deuoir.

PHILARQVE.

Mais plutôt;

ATLANTE.

Rien ne m'en peû distraire.

TERFILE.

Il faut vous consoler, & dans cét accident,
Ne parêtre pas moins courageux que prudent.

PHILARQVE.

Comment me consoler au milieu de deux peines,
Dont ie ne puis souffrir les rigueurs inhumaines?
L'vne, c'est de cacher, malgré mon Desespoir,
Le gouffre d'Infamie, où ma Sœur vient de choir;
Et l'autre est de donner vn peu d'air à la flame,
Que deux Soleils viuans allument dans mon ame;
Deux beaux yeux, où l'Amour fait sa gloire éclatter,
Armez de traits de feu, qu'on ne peut euiter.

TERFILE.

Comment appellez vous cette ieune Merueille,
Qui vous force à brûler d'vne ardeur nompareille?

PHILARQVE.

Ie vous ouure mon cœur, auecque liberté,
Ie meurs en adorant vne Diuinité,
Qui paroist en ces lieux sous le nom d'Aristée.

TERFILE.

Mais l'auez vous aussi dans vos fers arrestée?

PHILARQVE.

Si ie n'en suis aymé, ie n'en suis pas hay,
Ou ses yeux, & les miens mille fois m'ont trahy:
Ie sçay bien que du feu dont ie brûle pour elle,
Il est iusqu'en son cœur volé quelque étincelle.
Elle sçait bien aussi quelle est ma passion;
Elle la dissimule auec discretion;
Mais sa mere l'ignore, & ie n'ose entreprendre,
De luy dire l'ardeur qui me reduit en cendre.

TERFILE.

Hé pourquoy? quel ſujet vous en peut retenir?

PHILARQVE.

A quoy me ſeruiroit de l'en entretenir?

TERFILE.

A terminer vos maux par vn doux Hymenée.

PHILARQVE.

Au Temple de Diane elle l'a deſtinée;
Et ie croy que bien toſt cette chaſte Beauté,
Choiſira pour retraite vn lieu de pureté,
Plutôt qu'vne Maiſon de gloire dépoüillée,
Qu'vn Amour diſſolu pour jamais a ſoüillée.

TERFILE.

Il vous faut éclaircir de cette trahiſon,
Et puis vous ſongerez à vôtre gueriſon.

PHILARQVE.

Courons donc au Logis; & s'il nous eſt poßible

Apprenons si mon Pere à mes maux insensible,
Sçaura par les témoins qui peuuent déposer,
Les conuaincre, aussi bien qu'il les sçait accuser.

TERFILE.

Allons, ie le veux bien.

PHILARQVE.

Mais deuant que ie sorte,
Allez à la Prison, & frappez à la porte;
Peut-étre n'a-t'il dit que pour m'épouuenter,
Qu'il les a fait ainsi l'vn & l'autre arrester.

TERFILE.

I'y vay tout maintenant; poursuiuez vôtre route.

PHILISTE.

Qui heurte?

TERFILE.

C'est assez, i'oy Philiste sans doute.

PHILISTE.

Quel eſt cét Importun qui heurte de la ſorte,
Sans vouloir ſeulement m'en dire la raiſon?
N'eſt-ce point vn Eſprit, qui frappant à ma porte,
Veut que i'ouure plutôt mon Cœur que ma Priſon?
Hé bien, il faudra que ie l'ouure,
Et que librement ie découure,
Mon crime, & mon affection;
L'vn me perd, l'autre eſt ma deffence;
L'vn merite punition,
L'autre eſt digne de recompenſe.

Pouuons nous trop oſer ſous l'Amoureux Empire,
Pour vaincre la Beauté, qui nous force à l'aimer?
Libre ie déplaiſois à l'Objet que i'admire,
Et peut-eſtre Captif m'en feray-ie eſtimer.
Ne ſera t'elle pas forcée,
De me loüer en ſa pensée,
Puis qu'en l'adorant ie me pers?
Ma priſe m'eſt vne Victoire;
Ie triomphe au milieu des fers,
Et ma honte cede à ma gloire.

Rien ne paroiſt ſi grand que mon amour fidelle,
Et mon crime en pouuoir le ſurpaſſe pourtant,
On croit qu'elle a failly ; mon crime paſſe en elle,
Et iamais mon amour n'en a ſceu faire autant.
Il n'entra iamais dans ſon ame
Le moindre rayon de la flame,
Qui comble mon cœur de ſoucy:
Elle me hait, ie la ſeconde;
Car ie me hais moymeſme auſsi,
Afin de n'aimer qu'elle au monde.

Ie n'aime qu'elle au monde, & veux malgré l'Enuie,
Pour l'ôter de l'orage, & la conduire au port;
Faire voir qu'on s'attaque à la plus belle vie,
Qui tombera iamais ſous les traits de la Mort.
Que ſi ie n'ay pas la puiſſance,
De monſtrer que ſon innocence,
Ne ſe peut ſans crime accuſer;
Au moins la Loy la plus cruelle,
Ne me pourra pas refuſer,
La gloire de mourir pour elle.

Vn

Vn incroyable excés & d'Amour, & de peine,
Fait qu'auecque raiſon i'ay toûjours ſouhaitté,
De pouuoir poſſeder cette Belle Inhumaine,
Ou de pouuoir au moins mourir pour ſa beauté.
Maintenant l'vn m'eſt impoßible,
Mais l'autre m'eſt bien infaillible:
Ie vay mourir en la ſeruant;
Et la mort m'eſt vn auantage,
Puis que ce beau Rocher viuant,
Eſt la cauſe de mon Naufrage.

Peut-eſtre cette Ingratte, apres tant de ſeruices,
Aura-t'elle regret à la mort d'vn Amant;
Qui ſoûtiendra toûjours, au milieu des ſupplices,
Qu'il eſt ſeul Criminel, & qu'il meurt iuſtement;
Mais que pourtant ſa faute eſt belle;
Qu'il eſt moins Traître que Fidelle,
Et moins Coupable qu'Amoureux:
Qu'Ariſtée eſt la Vertu meſme,
Et que Philarque eſt trop heureux,
D'étre luy ſeul tout ce qu'elle aime.

SCENE III.

TERFILE, PHILARQVE.

TERFILE.

Out ce que dit Atlante en cette occaſion,
Eſt, comme ſon eſprit, plein de confuſion.

PHILARQVE.

Il n'a point de leur crime vne aſſez claire marque;
Mais on vient de nommer Ariſtée & Philarque:
N'auez vous pas ouy ces malheureux Amans,
Proferer nos deux Noms au fort de leurs tourmens?

TERFILE.

Ouy, mais à quel propos vous nomment-ils enſemble?
D'où vient que dans ce lieu vos deux noms on aſſemble?

PHILARQVE.

Ils ioignent iustement nos Noms en leurs discours,
Puisque nos cœurs sont ioints, & le seront toûjours;
Allons en leur parlant tâcher de les surprendre.

TERFILE.

Mais quoy, de leurs Prisons vous pourront-ils entendre?

PHILARQVE.

Ie viens de les oüir, sans doute ils m'entendront.

TERFILE.

Mais à vôtre parole ils vous reconnoîtront.

PHILARQVE.

Ie la déguiseray.

TERFILE.

Dieux quelle réuerie!
Mais que leur direz-vous?

PHILARQVE.

Approchez ie vous prie,
Vn mensonge en pourra tirer la verité,
Il est mort le Méchant, & l'a bien merité.

ARISTEE en Prison.

Qui donc est mort?

PHILARQVE.

Celuy qui tient vostre franchise,
Et venoit vous parler, quand on vous a surprise.

ARISTEE.

Qui l'a tué?

PHILARQVE.

C'est moy, i'ay terminé son sort.

ARISTEE.

Ha! c'est donc toy méchant qui merites la mort.

PHILARQVE.

La raison?

ARISTEE.

Laisse moy, cherche qui te réponde:
Sa mort me fait mourir, va, le Ciel te confonde.

TERFILE.

Pour vne Prisonniere elle a peu de douceur:
Mais qui vous parle ainsi? seroit-ce vostre Sœur?

PHILARQVE.

Et qui donc?

TERFILE.

Ie ne sçay, mais sa voix, ce me semble,
Et celle qui parloit, n'ont rien qui se ressemble.

PHILARQVE.

Ce sejour triste & noir, plein d'vn air eschauffé,
Où le son de la voix est soudain étouffé,

Et la peur, & le mal, dont elle est affligée,
Ont en moins d'vne nuict sa parole changée.
Mais allons vers Philiste, & tâchons d'en tirer
Ce que iamais ma Sœur n'a voulu declarer,
Elle est morte à la fin, & sa mort est Tragique.

Il va à la prison de Philiste, & frappe à la porte, & dit

PHILISTE en Prison.

Qui donc est morte ainsi?

PHILARQVE.

Cette ieune Impudique,
Qui de feux dissolus embrasoit vos esprits,
Et venoit vous parler, quand on vous a surpris.

HILISTE.

Impudique! bons Dieux, tu vomis vn blaspheme:
Elle étoit Innocente, & ma faute est extreme,
Impudique! ha plutôt dy qu'auec la Beauté
On a mis au tombeau la mesme Chasteté.

SCENE IV.

ATLANTE, PHILARQVE, TERFILE.

ATLANTE.

Ve voye-ie ? parlez vous à ces deux miserables?

PHILARQVE.

Ie parle aux Prisonniers, Innocens, ou Coupables.

ATLANTE.

Innocens? i'ay pitié de toy, si tu le crois:

PHILARQVE.

Arreste ; si ma Sœur n'a déguisé sa voix,
Quelqu'autre Prisonniere a répondu pour elle.

SCENE V.

HELIANE, PAVLINE, ATLANTE, PHILARQVE, TERFILE.

ATLANTE.

Heliane paroist sur le Theatre.

Dieux! qui l'a fait ſortir, étant ſi Criminelle?
Ne l'apperçoy-ie, pas qui s'en vient droit à nous?

HELIANE.

Triſte iuſqu'à la mort, i'embraſſe vos genous,
Pour ſçauoir.

TERFILE.

Les ſanglots luy couppent la parole.

ATLANTE.

Qui l'a miſe dehors? que le Ciel me conſole,

Mais

Mais tout le monde au moins connoit visiblement,
Que si ie l'accusois, c'étoit bien iustement:
Ses pleurs & ses sanglots, auec trop d'apparence,
Me demandent pardon de sa cruelle offense.

HELIANE.

Vous demander pardon? Ha! Dieux que dittes vous?
Qu'ay-ie fait qui vous picque, & vous mette en courrous?
Vous demander pardon! ie serois insensée,
N'étant pas seulement coupable de pensée.

ATLANTE.

Impudente, confesse, & ne differe plus;
Sanglots, Plaintes, Sermens sont icy superflus.

HELIANE.

Si i'ay perdu l'honneur, ie veux perdre la vie,
Le garder, ou mourir, est toute mon enuie,
Et ie ne sçay quel crime on me peut imposer;
Mais ie sçay que sans crime on ne peut m'acuser.

ATLANTE.

Quel endroit cette nuict te retenoit cachée,

Alors que dans la chambre en vain ie t'ay cherchée?

HELIANE.

I'étois deuant l'Autel, où ie priois les Dieux,
De vous toucher le cœur, & vous ouurir les yeux.

PAVLINE.

Il est vray;

ATLANTE.

Que sans vous elle s'est échappée,
Pour s'en aller trouuer celuy qui l'a trompée;
Et qui fauorisé des ombres de la nuit,
L'attendoit sans témoins;

HELIANE.

D'où vient ce mauuais bruit?
Mon cœur ne fut iamais saisi de cette enuie,
Vous me donnez la mort.

ATLANTE.

Ie t'ay donné la vie.

HELIANE.

Me la conseruez vous, si vous m'ostez l'Honneur?

ATLANTE.

Helas ! le seul Philiste en est le rauisseur;
Et par ce coup funeste, en priue ma Famille.

HELIANE.

Il demeure pourtant entier à vôtre Fille.

ATLANTE.

Dieu le voulut ainsi!

HELIANE.

Veueillez le seulement;
Vous le verrez bien tôt, auec étonnement.

ATLANTE.

Ouy, ton crime, & ma mort, ma honte, & ton supplice.

HELIANE.

Mais plutôt ma Vertu, qui s'opose à tout Vice,

ATLANTE.

Tes discours & tes pleurs ne m'appaiseront pas;

HELIANE.

La raison le doit faire, ou ie cours au trépas.

ATLANTE.

Tay toy.

HELIANE.

Mon innocence en vn estat si triste
Parlera donc pour moy.

ATLANTE.

Connois tu bien Philiste?

HELIANE.

Ie le dois bien connoitre.

ATLANTE.

Où penses-tu qu'il soit?

HELIANE.

Ie croy qu'il est chez luy.

ATLANTE.

Ton esprit te deçoit;
Approche toy d'icy, mais n'ouure pas la bouche.

HELIANE.

Quel moyen de parler dans le mal qui me touche?

ATLANTE.

Philiste, nous sçauons tout ce qui s'est passé;
Vous perdez temps de feindre, elle a tout confessé.

PHILISTE en Priſon.

Son innocence donc vous eſt aſſez conneuë.

HELIANE.

Vous a t'on pas ſurpris? & ne l'a t'on pas veuë,
La nuit auecque vous?

PHILISTE.

Ie ne ſçaurois celer,
Que nous étions ſortis la nuict pour nous parler.

ATLANTE, ſe tournant à Heliane.

Entens tu ce qu'il dit? as tu la hardieſſe,
De le nier encore, apres qu'il le confeſſe?

HELIANE.

I'entens de ces diſcours les mots, mais non le ſens,
Ie n'ay iamais brûlé que de feux innocens.

PAVLINE.

Dieux! qui nous peut ioüer vne telle partie?

HELIANE.

Les Dieux m'en ſont témoins, ie ne ſuis point ſortie,
Et n'ay point veu Philiſte.

ATLANTE.

Inſigne fauſſeté!
Que de feintiſe eſt jointe à ſa meſchanceté!
Tu n'as point veu Philiſte?

HELIANE.

Accablez moy de chaines,
Et ie diray toûjours, au milieu de mes geſnes,
Ie n'ay point veu Philiſte.

ATLANTE.

Ha! tu meriterois
D'étre miſe en Priſon, pour la ſeconde fois.

HELIANE.

Ie n'y ſuis point entrée, & i'y ſeray contente,
Pourueu que dans mes maux, ie me trouue innocente:
Mais le tort qu'on me fait me met au deſeſpoir.

ATLANTE.

Infame, cache toy, ie ne te puis plus voir.

TERFILE.

Ses pleurs demandent grace.

ATLANTE.

On luy fera Iuſtice,
Ouy, ie veux à ſon crime égaler ſon ſupplice.

PHILARQVE.

Quels celeſtes flambeaux diſſiperont mes nuits?
Quel Dieu débroüillera le Cahos ou ie ſuis?
Rentrons, & par argent, ou bien par artifice,
Tirons la verité de ſa vieille Nourrice.

Fin du premier Acte.

ACTE II.

SCENE I.

ATLANTE, PHILARQVE.

ATLANTE.

Voila pas vn étrange & bizarre accident;
On les apris tous deux enſemble; & cependant,
Elle étoit dans ſa Chambre, & n'en eſt point partie;
Si l'on croit mon Portier, elle n'eſt point ſortie,
Sa Nourrice & mes gens ſont tous d'vn meſme accort,
Pour la fauoriſer, & ſeul i'auray le tort.
On ſe plait à tromper les vieilles gens ſans ceſſe,
Les valets ſont toûjours contr'eux pour la ieuneſſe;
Quelqu'vn pourroit patir de mon iuſte courrous.

E

PHILARQVE.

Certes, ce déplaisir me touche autant qu'à vous;
Mais parmy ces malheurs, qui choquent la Constance,
Monstrez vôtre Vertu par vôtre resistance.

ATLANTE.

Helas qu'il est aisé de sembler genereux,
Et d'étre Philosophe, alors qu'on est heureux!
Que nous sommes touchez d'vn sentiment contraire!
Ha qu'vn Pere ayme bien plus fortement qu'vn Frere!
Ton cœur est endormy, laisse le réueiller;
Fay le Frere & le Fils, & non le Conseiller.

SCENE II.

ATLANTE, HELIANE, PAVLINE, PHILARQVE, SILENE,

PHILARQVE.

Oicy ma Sœur qui vient.

ATLANTE.

Rien ne t'eſt impoſſible;
Par tout tu trouues l'art de te rendre inuiſible :
Tes tours ſont merueilleux! tu ſors de la Maiſon,
Sans qu'on s'en apperçoiue, & puis de la Priſon,
I'admire ton eſprit, dont la ſoupleſſe eſt rare.

PAVLINE.

Dieux! rendez luy les ſens, le bon homme s'égare.

E ij

HELIANE.

Les miens d'étonnement ſe trouuent tous confus:
Moy ſortir de Priſon, où iamais ie ne fus?
Moy ſortir du logis? ie n'en ſuis point partie,
De mon deuoir auſſi ie ne ſuis point ſortie.

ATLANTE.

Sus, il t'y faut rentrer: qu'on ouure la Priſon.

HELIANE.

Hé, mon Pere, eſcoutez ma voix, & la raiſon.

ATLANTE.

Ie la mets en vos mains; vous me reſpondrez d'elle.

Silene doit ouurir la Priſon, & cõme Heliane y doit entrer, Ariſtee doit ſortir.

SILENE.

La Priſon eſt fort ſeure, & Silene eſt fidelle.

ATLANTE.

Mais qu'eſt-ce que ie voy?

PHILARQVE.

Mes yeux me trompez vous?

HELIANE.

Que i'ay d'estonnement!

PHILARQVE.

Et que i'ay de courrous!

SCENE III.

ARISTEE, PHILARQVE, ATLANTE, HELIANE.

ARISTEE.

ET bien, que voulez vous? deliurer l'Innocente?
La Vertu sera-t'elle enfin assez puissante?
Vos cœurs se seront-ils amollis, iusqu'au point,
De vouloir reünir ce que l'Amour a ioint?
O Dieux! ie voy Philarque, objet seul que i'adore;
Mais comme est il sans fers, puisque i'en porte encore?
Qui l'a peu deliurer? qui me peut retenir?
Luy veut on pardonner, & me veut on punir?
Seroit-il Inconstant, comme ie suis Loyalle?
Encor que nous ayons vne Innocence égalle,
Ie voy bien qu'aujourd'huy nôtre sort ne l'est pas,

Maintenant ſans frayeur ie verrois le trépas.
Que mon cœur eſt rauy dans ſa peine amoureuſe,
De me voir ſeule eſclaue, & ſeule malheureuſe!
Non, par les ſentimens dont ce cœur eſt charmé,
Ie ne ſçaurois ſouffrir que dans l'objet aymé:
Vos malheurs ſont les miens, qui vous nuit, m'importune,
Et l'heur que vous auez fait ma bonne fortune:
Tant que vous n'aurez point les maux que i'ay ſoufers,
Ie m'eſtimeray libre, au milieu de mes fers.

PHILARQVE.

Que voyez vous mes yeux? mon Amour maltraittée,
La Vertu de ma Sœur, le Crime d'Ariſtée,
Par ſa legereté mon eſpoir abattu,
Et le Vice qui regne, où regnoit la Vertu.
Las! en cét accident, qui cauſe mon martyre,
Que ne diray-ie point? ou que luy dois-ie dire?
Dois-ie auoir du reſpect? dois-ie la quereller?
Quoy! me pourray-ie taire? ou pourray-ie parler?
Ha! que ne ſuis-ie mort, voyant qu'elle eſt capable
D'vne legereté qui la rend ſi coupable.
Il n'eſt point de raiſon qui la puiſſe excuſer,
Et n'en eſt point auſſi qui me puiſſe appaiſer.

ARISTEE.

Moy coupable! & dequoy? faites le moy connétre,
Ne l'étant que pour vous, ie ne pense pas l'être.

ATLANTE.

Tirons nous à l'écart, afin que librement,
Ils puissent demesler leur mécontentement.

HELIANE.

Amour vuidera mieux, sans témoins, leur querelle.

PHILARQVE.

Helas! que me sert-il d'auoir esté fidelle?

ARISTEE.

Mais, Philarque, apres tout, ie ne voy point vos fers.

PHILARQVE.

Aussi n'en ay-ie plus, ie les ay trop souffers.

ARISTEE.

Que vôtre liberté me va causer de ioye!
Et que ie doy benir la main qui me l'enuoye!
Qui vous oste ces fers, en ce iour fortuné?
Dites moy.

PHILARQVE.

Celle là qui m'auoit enchaisné.

ARISTEE.

Ie ne vous entens point, comment! est-ce vne femme?

PHILARQVE.

En pouuez vous douter?

ARISTEE.

Ouy, i'en doute, mon ame;
Car vn homme m'a prise.

PHILARQVE.

Vn homme! ie le croy,
Et ce qui me déplaît, c'est vn autre que moy.

ARISTEE.

Que dites vous, bons Dieux! d'où vous naît ce caprice?
Voudriez vous l'auoir fait?

PHILARQVE.

Seroit-ce vne iniustice?
Ie le dis franchement, ie serois satisfait,
Et nul autre que moy ne deuroit l'auoir fait.

ARISTEE.

Que vous estes changé! qui peut vous reconnêtre?

PHILARQVE.

Ah! si ie ne le suis, i'ay bien sujet de l'estre.

ARISTEE.

Mais enfin, cher Philarque, aydez à ma raison.
Comment auez vous pû sortir de la Prison?
Icy mon esprit cede, icy ie rends les armes.

PHILARQVE.

Vous m'auez ietté hors de celle de vos charmes.

En nulle autre Prison ce Cœur ne fut iamais,
Et libre, il deuiendra plus ſage deſormais.

ARISTEE.

En nulle autre bons Dieux! voyez, voyez vos Lettres,
LeCiel confond toûjours l'artifice des Traitres.

LETTRE.

POur ſçauoir ſi i'arriue au port,
En ſuitte d'vn ſi long voyage,
Et ſi mon cœur vaincra le ſort,
Et triomphera de l'orage;
Ie me ſers d'vn amy ſi fidelle & diſcret,
Que i'oſe luy fier ma vie, & mon ſecret.

Apprenez moy, chere Beauté,
Si vôtre cœur toûjours fidelle,
A flechy la ſeuerité,
D'vne Mere injuſte & cruelle.
Car ſi la cruauté s'oppoſe à mes amours,
Ie conſacre aux Autels le reſte de mes iours.

PHILARQVE.

Dans ces obſcuritez, ie reſte ſans lumiere.

ARISTEE.

Acheuez donc de lire, & voyez la derniere.

LETTRE.

NOs ennemis ſeront confus,
Si vous oſez tenter vne belle Auanture;
Amour, auſſi bien que Mercure,
Pourroit tromper les yeux d'Argus.

Rendez vous donc ſur ce riuage,
Qui me ſera plus doux, qu'il ne paroiſt ſauuage.
Mais pour me rendre heureux vn iour,
Venez y ſeule, auec Amour.

PHILARQVE.

PHILARQVE.

Ie reconnois mon nom, ie voy que l'écriture
Eſt fort bien contrefaite, ô l'étrange impoſture!

ARISTEE.

Peux tu desauouer qu'elles partent de toy?
Perfide, és-tu sans yeux, aussi bien que sans foy?
Les peux tu bien nier à celle qui confesse,
D'auoir en t'écriuant témoigné sa foiblesse?
Rends mes Lettres, Ingrat, rends les moy dans ce lieu,
Et nous disons apres vn eternel Adieu.

PHILARQVE.

Las! à mon grand regret, ie n'ay rien à vous rendre,
Car ie n'ay rien receu.

ARISTEE.

Tu t'en voudrois defendre?
Va, le plus Inconstant qui respire le iour,
Le Ciel me vengera de ton perfide amour.
Est-ce donc là le fruit de ma perseuerance?
Des pleurs, & des sanglots poussez en ton absence?
Ingrat, est-ce le prix des soins & des trauaux,
Souffers depuis trois ans, à vaincre tes Riuaux?
Ie n'ay rien eu que toy de cher à la pensée;
I'ay tout fuy pour te suiure, & tu m'as delaißée.
Il n'est rien que pour toy mon cœur n'ait entrepris,
Et tout ce que i'ay fait attire ton mépris;

Mes parens irritez ont veu ma resistance
Vaincre tous leurs effors, mépriser leur puissance,
Pour t'aymer, pour te plaire, & viure en tes liens;
Et tu cedes sans peine aux volontez des tiens,
Pour me nuire, Infidelle, & pour me faire outrage?
Les preuues de ma foy, celles de mon courage,
T'obligent-elles donc, lâche, & perfide Amant,
A paroitre infidelle, & foible également?
On dit, mais on se trompe, en tenant ce langage,
Que l'homme est seul constant, & la femme volage;
Cependant i'ayme encor, & mon œil affligé,
Te void non seulement changeant, mais tout changé.
I'ay vaincu ma raison, qui t'étoit si contraire;
Et toy, pour me traitter en mortel aduersaire,
Tu delaisses la tienne, aussi bien que ta foy
La tienne qui combat asseurément pour moy.

PHILARQVE.

Pensez belle Aristée.

ARISTEE.

Ah! Philarque, ton crime
N'a point deuant mes yeux d'excuse legitime.

PHILARQVE.

Escoutez, ie vous iure.

ARISTEE.

Ah! pariure tu mens,
N'irrite point le Ciel auec tes faux sermens,
Tu n'as rien à me dire, apres l'affront insigne,
Que tu fais à ce cœur, dont tu n'étois pas digne:
Mais si i'ay peu me vaincre, & faire un tel effort
Dessus moy, pour t'aymer en dépit de mon sort;
Scache que ie puis bien me surmonter encore,
Pour ne te plus aymer, Ingrat, que ie déplore;
Et quand mesme il seroit impoßible à mon cœur,
De n'aymer pas ce lasche & perfide Vainqueur,
Au moins i'abhorreray son inconstance extresme,
Qui luy doit desormais faire horreur à luy-mesme.

PHILARQVE.

Souffrez que ie vous die en deux mots seulement,

ARISTEE.

Quoy! que me diras tu? veux tu perfide Amant,

Ou me faire vn reproche, ou me faire vne excuse?
Tu ne peux t'excuser, car ton crime t'accuse,
Et ma pure Innocence auroit peine à souffrir
Ton iniuste reproche, il me feroit mourir.
Helas! qui t'a forcé, foible & mauuais courage,
De joindre à l'Inconstance & l'affront & l'outrage?
N'as-tu peu me quitter qu'en traistre & suborneur?
Surprise au rendez-vous qui cause mon malheur:
Dy moy ce que i'ay fait, pour meriter ta haine?
N'est-ce pas vne place où chacun se promene?
N'y suis-ie pas venue, Ingrat, dessus ta foy?
Ay-ie rien fait de lasche, & d'indigne de moy?
Auois-ie autre dessein que de t'y faire instance,
D'vne honneste amitié, d'vne ferme constance?
Depuis trois ans passez, que mon aueuglement,
Dedans ton amitié m'engagea follement,
T'ay-ie dit vn seul mot, qui m'ait porté dommage,
Et dont ton vain esprit pût tirer auantage?
Tu sçais que non, Barbare, & veu que tu ne peux,
Me perdre par ma faute, ainsi que tu le veux,
Tu me perds par toy-mesme, ah! que penses tu faire?
Donc ma ruine, Ingrat, t'est glorieuse & chere?
Doncque ton foible esprit, follement transporté,
En tire grand plaisir, & grande vanité?
S'il est vray qu'en effet ton ame en soit rauie,
Si mon malheur te plait, que ne prends tu ma vie,
Pour acheuer ma perte en la diminuant?

Tu

Tu le peux aisement, qui t'en garde méchant?
Tu portes au costé, des armes pour la prendre,
Ie n'en ay point icy, qui me puissent defendre,
Et quand bien i'en aurois, ie n'en vserois pas;
Sans defence, & sans peur, i'attendrois le trépas:
I'y cours auecque joye, & ce Cœur magnanime,
Te punit mieux ainsi de l'excez de ton crime.

PHILARQVE.

Vous faire mal, bons Dieux! plutôt mourir cent fois,
Ah! vous estes ma vie;

ARISTEE.

Ingrat, si ie l'étois,
Pour me vanger de toy, ie me turois moy-mesme,
Ne pouuant plus souffrir ta perfidie extréme.
Fay mieux, puisque ton ame insensible à pitié,
N'a iamais sceu respondre à ma tendre amitié;
Puis que tu n'as peu suiure, à faute de courage,
L'auis de mon Amour, suy celuy de ma rage:
Penses-tu par ma mort faire vn nouueau forfait?
C'est plutôt expier le premier dés-ja fait.
Voudrois tu bien, infame, encore ouurir la bouche?
Ne croy pas que iamais ton repentir me touche:
Ie ne te parle plus, va, face le pouuoir
De nos Dieux, que iamais tu ne puisses me voir:

PHILARQVE.

Arreſtez, Ariſtée, arreſtez, inhumaine.

HELIANE.

Ah! pour la retenir nôtre aßiſtance eſt vaine.

ATLANTE.

Peux tu la regretter?

PHILARQVE.

Helas! elle s'enfuit;

ATLANTE.

Et qui plus eſt, ton Cœur l'accompagne, & la ſuit.

PHILARQVE.

Il eſt vray, ie l'aduouë:

ATLANTE.

Elle va chez ſa mere;

PHILISTE.

Ie brûle également d'Amour, & de Colere,
Seroit-elle Innocente? ah! ie n'en doute point.

ATLANTE.

Mais que dira Philiste?

PHILARQVE.

Esclarcissons ce point.

ATLANTE.

Sus, auerons son crime;

PHILARQVE.

Ou bien son Innocence:

ATLANTE.

Voy bien si son discours aura quelque apparence:
Silene vient d'ouurir, aduancez donc vn pas,
Et l'interrogez bien, ie ne paroistray pas.

SCENE IV.

PHILISTE en Prison.

Philiste fort de prison, Silene ayãt ouuert la porte.

ET bien, que voulez vous d'vn Amant miserable?
Faites qu'il souffre seul, puis qu'il est seul coupable;
Ou vueillez soulager la douleur qu'il ressent,
Puisque ce cœur coupable, est pourtant innocent.
Si i'ay pris vn dessein, qui n'est pas legitime,
L'amour qui fait la faute, en efface le crime:
Pour tromper vn Riual, l'artifice est permis;
On peut tout employer contre ses ennemis:
Depuis assez long temps la Fortune irritée,
Me fait souffrir l'orgueil de la belle Aristée:
Quatre fois la Nature a changé les saisons,
Quatre fois le Soleil a reueu ses Maisons;
Et quatre fois cét Astre, autheur de toutes choses,
A veu fondre la neige, & fait naistre les roses;
Depuis que ses beaux yeux captiuerent mes sens

Sous le ioug rigoureux de leurs attraits puissans.
Auec de grands respets mon ame l'a seruie,
Mon cœur, pour s'immoler a mesprisé la vie;
Il a beaucoup souffert, beaucoup dissimulé;
Il a veu sa froideur, lors qu'il estoit brûlé;
Et loin de l'émouuoir, par vn iuste reproche,
Les torrens de mes pleurs n'ont touché qu'vne roche.
Enfin connoissant bien, que par vôtre retour
Cét espoir, qui fait naistre, & fait viure l'amour,
M'alloit abandonner, la pasle Ialousie,
M'a logé des bourreaux dedans la fantaisie;
Elle m'a fait iuger, que vous teniez son cœur,
Qu'au triomphe d'Amour vous estiez le vainqueur,
Et que tant de mépris, que ie receuois d'elle,
Venoient moins d'vn esprit farouche que fidelle;
Que ie n'étois hay, que pource qu'elle aymoit,
Et que malgré sa glace, vn autre l'enflammoit.
Dans ces vifs sentimens, que la Rage me donne,
La Raison fuit de moy, la Vertu m'abandonne:
Ainsi ie me resous en cette extremité,
De vaincre mon Vainqueur par vne lascheté.
I'écris sous vôtre nom à la belle Aristée;
La par des mots de flame, elle est sollicitée,
De m'accorder le bien que ie la puisse voir,
Sur le bord de cette onde, où chacun va le soir.

PHILARQVE.

Quel estoit le dessein d'vne telle entreprise?

PHILISTE.

Mon cœur s'imagina, que se voyant surprise,
Pour sauuer son honneur, elle consentiroit
A cét heureux Hymen, où mon ame aspiroit.
En effect, elle vient, où son Amour l'embarque,
Et Philiste est heureux, sous le nom de Philarque.
Mais Dieux! quelle inconstance accompagne le sort?
I'ay fait enfin naufrage, estant si pres du port:
Deuant que luy parler, pour disgrace derniere,
On m'a fait prisonnier, comme elle prisonniere.
Ie connois clairement, qui c'est qui m'a trahy;
C'est Clearque, vn des miens, que i'ay toûjours hay;
A qui ie dis hier, en secret par finesse,
Qu'Heliane m'aymoit, qu'elle estoit ma maistresse,
Que tous autres objets m'estoient indifferens,
Que i'allois l'enleuer, malgré tous ses parens;
Ce que i'ay dit expres, pour sauuer Aristée,
Que parmy mes transports, i'ay toûjours respectée:
Ce bruit s'est diuulgué, lon a creu ce causeur;
Voyla comme i'offence, & le Frere, & la Sœur;

I'en demande pardon à tous deux, & i'espere,
De l'obtenir par vous, d'Atlante vôtre Pere.

HELIANE.

Phliliste, en ce discours que vous me soulagez!
Les Dieux sont vn Azile à tous les affligez;
Ah! qu'ils font bien parestre, en prenant ma defence,
Que leur Bonté supreme a soin de l'Innocence,
L'ayse que i'en ressens, ne se peut exprimer.

ATLANTE.

A ce iuste plaisir ie me laisse charmer;
Pour te voir Innocente, & pour estre coupable,
De t'accuser à tort, ma ioye est incroyable.

PHILARQVE.

Demande ton pardon à l'Objet de ma Foy,
Obtien-le d'Aristée, & tu l'auras de moy.

PHILISTE.

Ie n'en demande point à la Belle offensée,
Pour elle aucun remords n'agite ma pensée;
Les fautes que peut faire vn amour vehement,

Meritent recompense, & non pas chastiment.
Quand nous voulons gaigner l'objet qui nous engage,
Qui l'offence le plus, l'oblige d'auantage:
Il faut en ce seul point aller iusques au bout,
Car aymer sagement, c'est n'aymer point du tout.
Vous estes plein d'ardeur pour la belle Aristée,
Mais Dieux! qu'il est facile à l'ame bien traittée,
De conseruer vn feu, si doux & si charmant,
Et lors qu'on est heureux, qu'il fait bon estre amant!
Moy, qu'on n'a iamais veu que d'vn œil de colere,
Qui ne faisant qu'aymer, ne fais rien que déplaire,
Dont le sort est cruel, comme le vôtre est doux,
Il le faut confesser, i'ayme bien mieux que vous.

PHILARQVE.

De subtiles raisons vos paroles sont pleines,
Mais c'est iniustement que vous plaignez vos peines,
Et que vous condamnez cette ingratte Beauté,
Dont vôtre cœur se plaint d'étre si mal traitté.
Vous auez ses faueurs, & ses lettres pour gages
De son bon traittement.

PHILISTE.

O foibles témoignages!
Cruel ressouuenir d'où naissent mes douleurs,

I'ay

I'ay des Lettres Philarque, & vous seul des faueurs,
Elles n'allegent point mes disgraces passées,
Puisque c'est à vous seul qu'elles sont adressées.

ATLANTE.

Quelles faueurs bons Dieux!

PHILARQVE.

Faites les moy donc voir.

PHILISTE.

Ainsi l'ont ordonné le Sort & le Deuoir.

LETTRE.

MOn cher & bien aymé Philarque,
Ma Mere a toûjours sa rigueur,
Mais nul n'aura iamais mon cœur,
Que les Dieux, ou vous, ou la Parque.

ARISTEE.

PHILARQVE.

Elle s'adresse à moy ; ie n'en sçaurois douter,
Mon cœur n'a desormais plus rien à redouter.

ATLANTE.

Il ne m'a point menty, c'est là son écriture,
Sa colere est trop iuste, ah cruelle Auanture!
Retirez vous, Philiste, vn homme de haut cœur
Pardonne à son Riual, quand il en est Vainqueur.

PHILARQVE.

Ie la tiens innocente.

ATLANTE.

Ah Ciel, quelle foiblesse!
Tu veux encor baiser vne main qui te blesse?
Tu veux croire vn Riual, esprit tout hebeté,
Et tu ne rougis point de ta simplicité?
Quoy donc, ton lâche cœur n'ayme point la ven-
geance?
Quoy, ne peuuent-ils pas estre d'intelligence,
Et s'accorder tous deux, pour mieux te deceuoir?
Bons Dieux aßistez moy, va, ie ne te puis voir.

PHILARQVE.

Ie ne ſçaurois ſouffrir de te voir mal traittée,
Te voyant Innocente, adorable Ariſtée:
Le crime qu'on impoſe à ton ardante amour,
Prouue qu'elle eſt pour moy plus claire que le iour;
Ie ſouſtiendray par tout cette iuſte querelle,
Et iuſques à la mort ie te ſeray fidelle.

Fin du deuxiéme Acte.

ACTE III.

SCENE I.

ATLANTE, TERFILE.

ATLANTE.

Erfile, quel mal-heur est comparable au nôtre,
Ie sors d'vn precipice, & rentre dans vn autre,
Que nous sommes à plaindre! & qu'vn Pere aujourd'huy,
Souffre pour ses Enfans de misere & d'ennuy!
Tantôt triste & confus, ie croyois que ma Fille,
Perdoit en se perdant l'honneur de sa Famille;
Ie la treuue Innocente, & dans le mesme iour,
Mon Fils deuient coupable, & ce mal vient d'amour,

Cet Amant aueuglé, de qui l'ame obstinée
Court apres vne Ingratte, au vice abandonnée,
Ne void pas qu'il me tuë, & qu'il va precurant
Nôtre honte commune, en se deshonorant.

TERFILE.

Vôtre courroux contre elle est-il bien legitime?
Atlante estes vous bien asseuré de son crime?

ATLANTE.

Ouy, i'ay de bons témoins de ses folles Amours,
Et cependant mon Fils l'idolatre toûjours.
Il la veut épouser, cette Maitresse infame,
De qui la Vertu feinte auoit rauy mon ame,
Aussi bien que la sienne, auant ce changement,
Qui l'abandonne toute à son nouuel Amant:
Mais pour rompre ce nœud, qui ne sçauroit me plaire,
Ie suis tantôt tombé d'accord auec sa Mere,
Que la volage iroit recluse dans ce iour,
Aux Filles de Diane, ou de force, ou d'Amour.
Ouy, nous l'enfermerons cette Ieune étourdie,
Dont l'humeur a paru si libre, & si hardie.
Sa Mere, qui sans doute a veu son repentir,
Dit que la mal-heureuse y veut bien consentir,
Confuse du mépris qu'elle croid que fait d'elle
Cet Amant, qui luy fut si cher, & si fidelle.

TERFILE.

Atlante, croyez moy, pensez y meurement,
Gardez de faire tort à vôtre iugement,
Souffrez que la Raison vous conseille, & vous ayde,
Auant que vous resoudre à ce fascheux remede,
Mais qui vient?

SCENE II.

PHILARQVE, ATLANTE.

PHILARQVE.

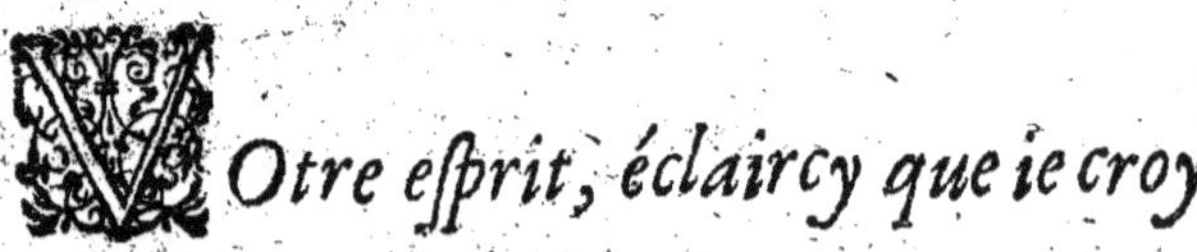

Votre esprit, éclaircy que ie croy,
N'en doute plus, mon Pere.

TALANTE.

Il est vray; mais dequoy?

PHILARQVE.

De la Foy d'Aristée, & de son Innocence.

ATLANTE.

I'entens de ta stupide, & grossiere Ignorance,
Fol, aueugle, insensé, qui ne reconnois pas
Les vices que l'Amour cache sous tant d'appas;
Où se va perdre enfin ta Raison égarée?
Veux tu qu'vne Beauté, qui s'est deshonorée,
Soit aujourd'huy ta femme?

PHILARQVE.

Ah ne l'offensez point,
Mon Pere, ie me suis éclaircy sur ce point,
Las! si quelque deffaut à sa Vertu s'attache,
C'est de nous seulement que luy vient cette tache;
Il est vray, ce grand cœur, que vous auez blâmé,
S'est fait tort en vn point, c'est de m'auoir aymé.

ATLANTE.

C'est en vn autre objet qu'elle t'aymoit, l'Ingrate,
Et ie plains en cela ton esprit, qui se flatte.

PHILARQVE.

Il a ſurpris ſes yeux, ſans ſurprendre ſa foy.
Elle alloit luy parler, penſant parler à moy.

ATLANTE.

Tu crois doncques ce cœur d'Innocence capable?

PHILARQVE.

Ouy, mon Pere, ou ie ſuis de tout crime coupable.

ATLANTE.

Dy ce que tu voudras, ie te iure & promets,
Que mon cœur à tes vœux n'adherera iamais;
Et ie mourray plutôt, que ſouffrir cette honte,
Qu'vne Fille impudique aujourd'huy nous affronte:
Fay mieux, ſi ton eſprit treuue tant de douceur,
Dedans cette Maiſon, Philarque prends ſa Sœur,
Dont le viſage au ſien a tant de reſſemblance,
Que la voix ſeulement en fait la difference:
Ie ſçay qu'elle eſt muette, & ie veux toutesfois,
S'il te plait de l'aymer, conſentir à ton choix,
On ne la peut blâmer, ſans luy faire vne iniure,
Car ce deffaut qu'elle a luy vient de la nature,

Ou celuy d'Inconſtance, & d'Infidelité,
Qu'on remarque en ſa Sœur, luy vient de volonté.

PHILARQVE.

Auant que de changer, ie ceſſeray de viure;
Ce conſeil ſeroit bon, & ie voudrois le ſuiure,
Si la mauuaiſe humeur, qu'on blaſme juſtement
Aux femmes, dans leur langue eſtoit entierement:
N'employez point, mon Pere, icy vôtre puiſſance;
Vueillez moy diſpenſer de cette obeïſſance.

ATLANTE.

Penſe à ce que tu dis; ſi tu ne la veux pas,
Tu verras aujourd'huy conſacrer les appas
A la chaſte Deeſſe; & ton ame abusée,
Se repentira tard de l'auoir meſprisée.

PHILARQVE.

Dieux, ſi vous ceſſez d'eſtre amis des Innocens,
Vous n'aurez plus de moy, ny de vœux, ny d'Encens.

TERFILE.

Il eſt deſeſperé,

I

ATLANTE.

Que sa poursuitte vaine,
Luy donne, comme à moy, de tourment & de peine!
Mais i'apperçois Olinthe, allons la receuoir.

SCENE III.

ATLANTE, OLINTHE.

ATLANTE.

Ve fait vôtre Aristée?

OLINTHE.

Elle est au desespoir.
Quand elle a sceu par moy, que l'on se plaignoit d'elle,
Que son fidelle Amant la croyoit Infidelle,

Et qu'il ne vouloit plus adorer ſes appas;
Apres auoir cent fois ſouhaitté le trépas,
Quoy donc, m'a t'elle dit, d'vne voix foible & triſte,
On me peut ſoupçonner d'auoir aymé Philiſte?
Philarque, à qui mon cœur ceda ſa liberté,
M'accuſe d'Inconſtance, & d'Infidelité?
Apres tant de ſermens cét Ingrat eſt capable
De me croire aujourd'huy ſi lâche, & ſi coupable?
Et bien, ma Mere, & bien, il connoîtra dans peu,
Si i'ay, comme il a creu, bruſlé d'vn autre feu:
Ie m'en vay de ce pas me vouër à Diane,
Menez moy droit au Temple, où, ſi i'étois Profane,
Et qu'vn Amour infame eût eſté mon vainqueur,
Ie n'irois pas offrir, ny mes vœux, ny mon cœur.

ATLANTE.

Elle a donc pris le voile?

OLINTHE.

En ce deſſein conſtante,
Elle l'eût déja pris, & i'en eſtois contente,
Mais deux de ſes parens croyans qu'on luy fait tort,
Et qu'elle eſt Innocente, ont tous fait leur effort,

Pour empécher qu'au Temple elle ne fut receuë,
Leur attente pourtant sera tantôt deceuë;
Car elle y doit entrer, sous le nom de sa Sœur,
Et puis vous asseurer qu'elle y va de bon cœur.

ATLANTE.

Pourquoy s'y resout-elle, auec tant de constance?

OLINTHE.

C'est, ou pour exercer vne iuste vengeance
Sur son ingrat Amant, s'il est vray que pour prix,
De son Amour extreme, elle en ait du mespris,
Ou bien pour le guerir, si constant en sa flame,
Il ne peut aujourd'huy l'obtenir pour sa femme;
Et si par nos refus, ils sont persecutez,
Dans l'agreable espoir, dont ils se sont flattez.

ATLANTE.

Ie rendray sur ce point vôtre ame satisfaite,
Nous la ferons passer tantôt pour la Muette;

OLINTHE.

Et ie feindray si bien, que Philarque trompé,

Y ſera, s'il la void, le premier attrappé.

ATLANTE.

Allez ; mais ie reuoy cét Amant deplorable,
Qui veut auecque luy me rendre miſerable :
A ſon teint paſle & triſte, à ſes yeux languiſ-
ſans,
Ie voy qu'Amour toûjou[rs] eſt maiſtre de ſes ſens,
Et qu'il perſiſte encor dans ſon meſme caprice ;
Il ne m'apperçoit point.

SCENE IV.

PHILARQVE, ATLANTE.

PHILARQVE.

O Dieux! quelle Iniuſtice?
L'auois-ie pas bien dit, qu'on l'accuſoit à faux,
Et que ſon ame étoit ſans tache, & ſans deffaux;
Ie viens de m'enquerir dans tout le voiſinage,
Qui ne connût iamais vne Fille ſi ſage;
Ie voy que tout le monde admire ſa Vertu.

ATLANTE.

Où s'égarent tes ſens, Philarque; d'où viens-tu?

PHILARQVE.

Ah! mon Pere, eſt-ce vous? que vos rigueurs m'étonnent!
Et qu'on doit bien prier les Dieux qu'ils vous pardonnent!

Offençant Ariſtée, en qui les iuſtes Dieux,
Gardent ce que le Ciel a de plus precieux:
Helas! vous vous rendez coupable enuers eux meſmes
Et vos traits médiſans ſont autant de Blaſphemes.

ATLANTE.

Apres vn tel affront, encore elle te plaiſt,
Tu la crois pure & chaſte?

PHILARQVE.

Ouy ſi Diane l'eſt:
Deſabuſez vous donc, & perdez la licence
D'outrager l'Honneur méme, & la méme Innocence.
Tout le monde admirant ſa conduitte, & ſes mœurs
Benit l'égalité de ſes douces humeurs.
I'apprens de tous coſtez, que ſon ame reſiſte
Auec auerſion, à l'amour de Philiſte;
Et que le ſeul Philarque, outré de deſplaiſirs,
Eſt le but malheureux, où tendent ſes deſirs.
Mon Pere, par l'ardeur de la premiere flame,
Qu'vn doux & ſaint Hymen alluma dans vôtre ame,
Par ces chaſtes baiſers, qui m'ont donné le iour,
Par ces doux mouuemens de tendreſſe & d'Amour,
Et par tous les reſpects dont mes deuoirs fidelles,
Ont taſché de payer les graces paternelles,

S'il reste dans vôtre ame un rayon d'amitié,
Iettez sur mon amour un regard de pitié:
Si vous ne m'accordez une si iuste grace,
Ie ne quitteray point ces genoux que i'embrasse,
Qu'abattu par l'excés de mes viues douleurs,
Ie n'expire à vos pieds, tous moüillez de mes pleurs.

ATLANTE.

Pour guerir de son cœur la blessure profonde,
Voicy l'occasion la plus belle du monde.
Sa maistresse paroist; Philarque, leue toy.
Puisque ton cœur blessé perseuere en sa foy;
Et qu'en ce bon dessein tu fondes ta Constance,
Sur l'Honneur d'Aristée, & sur son Innocence:
I'approuue ta recherche; & sans plus m'obstiner
Contre cette Beauté, ie te la veux donner,
La voyla qui paroist.

SCENE V.

PHILARQVE, ATLANTE, OLINTHE, ARISTEE.

PHILARQVE.

O Dieux! le puis-ie croire?
Passer si promptement de la Mort à la Gloire?
Trouuer tant de tendresse, apres tant de rigueur?
Ah! c'est d'vn faux espoir que l'on flatte mon cœur,
Afin de le sauuer de la mort infaillible,
Où le precipitoit sa douleur trop sensible.

ATLANTE.

On ne t'abuse point, parle luy seulement.

PHILARQVE.

Ah! Pere genereux, si dans ce mouuement,
Vos bontez en effect secondent mon enuie,

Ie vous ſuis par deux fois obligé de la vie,
Ariſtée, Ariſtée, eſt-ce vous que ie voy?
Elle paſſe, en branſlant la teſte deuant moy.
Et ne me répond point; c'eſt-elle ce me ſemble,
Non, c'eſt aſſeurément ſa Sœur, qui luy reſſemble,
Et qui dans ſon defaut ne m'a point entendu,
Si c'eſtoit Ariſtée elle m'eût répondu.

ATLANTE.

Il ne la connoit point, la fourbe eſt bien conduitte,
Tout va bien iuſqu'icy, voyons vn peu la ſuitte.

PHILARQVE.

Mais Dieux! ſi c'étoit elle, & que ſes doux appas,
Ennuiez de nous plaire; Ah! ne le croyons pas.
Si ie la ſoupçonnois de la moindre Inconſtance,
La mort au meſme inſtant ſuiuroit ma repentance;
Eclairciſſons nous mieux encore ſur ce point,
Eſt-ce vous Ariſtée? Elle ne reſpond point,
D'où vient ce grand ſilence? oſtez ce Voile ſombre,
Qui cache vos beautez, dont ie ne voy que l'ombre,
Deſcouurez ces Soleils de mille traits armez,
Sous ce nuage obſcur, qui les tient enfermez,
Ce n'eſt point Ariſtée, elle ſeroit moins dure
Au ſentiment cruel des peines que i'endure.

ATLANTE.

Enfin ie te la donne, & i'en conclus l'accord:
Quoy! ne la veux tu pas?

PHILARQVE.

Ie veux plutôt la mort.

ATLANTE.

Par ce que tu me dois, ie conjure ton ame,
Philarque, de la prendre en qualité de femme,
De receuoir ses vœux, de luy donner ta foy,
Quand tu ne l'aymerois que pour l'amour de moy.

PHILARQVE.

Ie cheriray toûjours, & d'vne ardeur extréme,
Celle qui tient mon cœur, pour l'amour d'elle-mesme.

ATLANTE.

Mépriser Aristeé, au lieu de la cherir!
De quelle humeur es-tu?

PHILARQVE.

Ce nom me fait mourir,
Et c'est aussi le seul qui peut me faire viure.

ATLANTE.

Tu fuis, pauure Insensé, ce que tu voulois suiure;
Pense à ce que tu fais, on s'en va de ce pas,
Pour iamais dans ce Temple enfermer ses appas.

PHILARQVE.

I'y consens de bon cœur.

ATLANTE.

Or sus donc, qu'on, l'y meine.

PHILARQVE.

Croyez que cét Objet me donne peu de peine.

ATLANTE.

Tu pousseras tantôt des regrets superflus,
Pour n'auoir pas voulu ce que tu veux le plus.

PHILARQVE.

Trompez vous donc, mon Pere, ainſi mon eſperance?
La flattez vous ainſi d'vne vaine apparence?

ATLANTE.

Tu connoîtras tantôt, ſans ſortir de ces lieux,
Qui t'a trompé de moy, Philarque, ou de tes yeux.

PHILARQVE.

Ce ne ſont point mes yeux, ie connois Ariſtée,
Mais la méconnoiſſant, l'aurois-ie rejettée?
Souuent l'Amour aueugle, & porte ſon Bandeau,
Sur les yeux des Amans, qui ſuiuent ſon flambeau:
Quand vne Paßion eſt grande, elle eſt muette.
Doncques pour trop aymer vne Beauté diſcrette,
Pour eſtre trop charmé de ſes diuins appas,
Pourrois-ie en les voyant, ne les connoître pas?
Et par la raiſon meſme, ou par excés de haine,
Peut-elle eſtre muette? icy ma plainte eſt vaine,
Il faut mourir conſtant dans mon premier deſſein,
Les Dieux ne voudroient pas me l'arracher du ſein;
Quand bien ils le voudroient, ils ne ſçauroient le faire,

Et leur desobeir en ce point, c'est leur plaire,
Philarque sans ce bien ne peut aymer le iour,
Tant qu'il aura de vie, il aura de l'amour.

ATLANTE.

Dy ce que tu voudras, mais tu l'as rejettée,
On vient de l'enfermer ton aymable Aristée,
Appren le de sa Mere, elle reuient à nous.

OLINTHE.

C'est fait, vôtre Aristée.

PHILARQVE.

Ah Dieux! que dittes vous?

OLINTHE.

Qu'autresfois vous aymiez d'vne amour si profonde,
Philarque, pour iamais a pris congé du monde;
Et c'est à vos froideurs, dont i'ay conneu l'éxcés,
Que nous sommes tenus de cét heureux succés;
Vôtre consentement aujourd'huy nous conuie,
De consacrer aux Dieux le reste de sa vie.

PHILARQVE.

Vous me raillez, Olinthe, & n'auez pas raison
De géner mon esprit icy hors de saison;
D'assez d'autres ennuis mon ame ast agitée.

OLINTHE.

Ie ne me raille point, vous perdez Aristée;
En se taisant, Philarque, elle vous a surpris,
Et ce fâcheux silence a trompé vos esprits.

ATLANTE.

Te disois-je pas bien, obstiné, que ton ame
S'abusoit en ce point.

OLINTHE.

Ah mon Pere! ah Madame!

ATLANTE.

Elle a pû vous parler au partir de ce lieu,
Mais elle a sagement euité cét Adieu;
Car son cœur éloigné de tout penser profane,
Ne songeoit plus à vous, pour penser à Diane.

PHILARQVE.

Quoy! ie la perdray donc?

ATLANTE.

Tu t'affliges de rien.

OLINTHE.

Ie vous donne sa Sœur, auec tout nôtre bien,
C'est son portrait viuant.

ATLANTE.

Ie l'estime autant qu'elle.

OLINTHE.

Le deffaut de sa voix ne la rend pas moins Belle.

PHILARQVE.

Quoy! ie la perdray donc? & l'ayant veu partir,
Mon cœur à ce depart aura peu consentir?
Quoy! donc cette Beauté, Diuine, & sans exemple,
Sera pour tout iamais recluse dans ce Temple?

Et

Et mon cœur qui la cherche entre les Immortels,
N'aura pas le credit d'approcher des Autels?
Détruiriez vous la Foy que nous auons iurée,
Pere sans amitié, Mere dénaturée?
Et par vos cruautez, Barbares en ce point,
Voudriez vous desvnir ce que le Ciel a ioint?
Pensez vous que Diane approuue l'Iniustice,
Contre nous concertée auec tant d'artifice,
Et que nos chastes feux indignement traittez,
Ne luy plaisent pas mieux que vos seueritez?

ATLANTE.

Te l'ay-ie pas offerte, & ton ame obstinée,
S'est t'elle pas toujours contre moy mutinée?
Ton reproche est iniuste, & touche peu mon cœur,
Plains toy de ta sottise, & non de ma rigueur.

PHILARQVE.

Quand vous l'auez offerte, estoit-il bien croyable,
Que vous fussiez sitost deuenu pitoyable?
Et n'auois-ie pas droit de dementir mes yeux,
Quand vous m'auez fait voir ce Chef-d'œuure des Cieux?
Helas! s'il m'eust esté permis de la connestre,

Quand, ainsi qu'vn éclair, ie l'ay veu dispa-
restre,
Non seulement muette, elle eût eu tout pouuoir,
Dessus mes sens charmez du plaisir de la voir,
Mais auec des deffauts bien plus considerables,
Mon cœur eût respecté ses beautez adorables;
Enfin quoy qu'il arriue, ô Pere sans pitié,
Elle sera l'objet de ma sainte amitié,
Et malgré vos rigueurs, ma pauure ame agitée,
Iusques dans le tombeau suiura son Aristée.

ATLANTE.

Retirons nous, Olinthe, il n'a pas l'esprit sain.

PHILARQVE.

Que ne me plongiez vous vn poignard dans le
sein,
Pere Ingrat & cruel, si vous auiez enuie,
De m'ôter aujourd'huy la moitié de ma vie?

ATLANTE.

Il va dans sa colere iniurier le Ciel,
Allons, laissons le plaindre, & vomir tout son
fiel.

OLINTHE.

Apres ces mouuemens, pleins de trop de licence,
Il rentrera peut-estre en ſon obeiſſance.

PHILARQVE.

Triſte & foible Raiſon, dans quel aueuglement,
As-tu tantôt laiſſé tomber mon iugement?
Quel charme au doux aſpect de ce parfait viſage,
De mes ſens égarez a ſuſpendu l'vſage?
Mes yeux n'étoient ouuerts, que pour me deceuoir;
Ie voyois miſerable, & ne pouuois pas voir
L'object où i'auois l'ame, & la veuë arreſtée;
Où pouuoit étre alors la langue d'Ariſtée?
Vn ſeul mot de ſa bouche eût pû me diuertir
De l'erreur dont mes yeux n'ont ſceu me garantir.
Ie ne l'ay pû connoître en ce profond ſilence,
Qui fait tout mon malheur, & toute mon offence;
Adorable Ariſtée, objet doux & charmant,
Qui m'as par ton ſilence oſté le iugement;
Beauté vrayment fatale à ce cœur miſerable,
Tu ſembles de ma faute eſtre ſeule coupable;
Cependant ie t'adore, & benis tes appas,
Ie me condamne ſeul, ie ne t'accuſe pas.

Et ſeul, ſans murmurer, ie ſouffre le ſupplice
D'vn crime, dont au moins ta rigueur eſt complice.
Mais que dis-ie inſensé? peut-eſtre, & ie le croy,
Que cette ame innocente endure autant que moy;
Et c'eſt ce qui me trouble, & rengrege ma peine:
Ma creance pourtant eſt encore incertaine.
Helas! s'il arriuoit qu'Inhumaine en ce point,
Elle connût ma peine, & ne la ſentit point;
Ce mépris à mon cœur ſeroit inſupportable,
Et ma mort en ce cas ſeroit ineuitable:
Que ſi tout au contraire elle verſe des pleurs,
Au ſentiment cruel de mes iuſtes douleurs;
S'il eſt vray qu'elle ſouffre vne peine auſsi dure,
A mon occaſion, que celle que i'endure;
Sa ſouffrance me tuë, & me perce le cœur,
Sa pitié m'eſt funeſte, autant que ſa rigueur;
Soit qu'en mes déplaiſirs ie l'éprouue à cette heure,
Ou rude, ou fauorable, il faudra que ie meure.
Mais, malheureux Philarque, où tendent ces diſcours?
Le ſort en eſt ietté, mon mal a pris ſon cours:
Ie ſuccombe aux ennuis, qui regnent dans mon ame,
En vain ie vous appelle, en vain ie vous reclame:
I'afflige mon eſprit de regrets ſuperflus,
Merueilles des beautez, ie ne vous verray plus.
Au moins dans mon malheur, qui n'eut iamais d'exemple,

Permettez que i'expire aux Portes de ce Temple:
Ie ne quitteray point ce funeste sejour,
Où i'ay perdu l'espoir, sans perdre aussi le iour.
Mais faisons en le tour, voyons si d'auanture,
Ie pourray découurir les tourmens que i'endure,
A celle qui les cause, & si ie ne puis pas
Rendre ses yeux diuins tesmoins de mon trépas.

Fin du troisiéme Acte.

ACTE IV.

SCENE I.

ATLANTE, TERFILE.

ATLANTE.

AImable Confident, fidelle Secretaire,
De tous mes interéts ſacré depoſitaire,
Terfile amy prudent, dont les ſages aduis
Me rendroient plus heureux, s'ils étoient mieux ſuiuis;
Enfin malgré tes ſoins mon malheur continuë,
De moment en moment, mon eſpoir diminuë,
Et l'eſprit de Philarque, enuers moy criminel,
Rend comme ſon amour, mon regret eternel;
Ce Fils méconnoiſſant, & fatal à ſon Pere,
S'oppoſe inſolemment aux plaiſirs que i'eſpere,

Cét Ingrat veut ma perte à la ſienne adjoûter,
Et qui me doit le iour, tâche de me l'ôter.

TERFILE.

Vôtre colere, Atlante, excede ſon offenſe;
Que Philarque ait manqué d'vn peu d'obeiſſance,
Et qu'il ait mépriſé mes vtiles conſeils,
On en voit peu mourir pour des crimes pareils;
Quoy que de vos bontez ce ieune Amant abuſe,
La faueur qui le perd, elle meſme l'excuſe:
Amour eſt vn Tyran, dont l'iniuſte pouuoir,
N'a iamais reſpecté, ny Raiſon, ny Deuoir.

ATLANTE.

A te l'oüir defendre auec tant d'injuſtice,
De ſes feux criminels on te croiroit complice!
Ie voy ſon deſeſpoir, ie ſçay qu'il veut perir,
Mais ie veux comme luy me perdre, ou le guerir.

TERFILE.

Pourquoy vous donnez vous ce ſoin qui vous deuore?
C'eſt inutilement que Philarque l'adore;
Puiſqu'elle s'eſt voüée à Diane aujourd'huy,
Elle n'a plus pouuoir de ſe donner à luy.

ATLANTE.

Le Dépit ou, l'Amour, a fait sortir du monde,
Cette Fille coupable, en charmes si feconde.
Et peut-estre qu'aussi, le Dépit, ou l'Amour,
La fera reuenir au monde quelque iour.
De plus, quand la Prestresse apprendra cette ruse,
Dont Olinthe aujourd'huy son Innocence abuse,
Quoy que fasse Aristée, on la fera sortir:
Philarque qui sçait tout, ira l'en aduertir.
Sur ce sujet, Tersile, il faut que ie confesse,
Que dans le desespoir, ou Philarque me laisse,
I'ay touchant son Destin l'Oracle consulté,
Et Diane en ces mots m'a dit sa volonté.

ORACLE.

TOn Fils t'obeïra, c'est le vouloir des
Dieux,
Qu'il perde l'vsage des yeux;
Pour épouser apres, par vne Loy secrette,
La Vertueuse, & la Muette.
Par vn excés d'Amour, on m'ôtera mon
bien,
Mais ie ne perdray rien,
Donc que de cét espoir ton ame se console,
Ie leur redonneray la veuë, & la parole.

TER-

TERFILE.

Cét Oracle eſt obſcur

ATLANTE.

Il l'eſt extremément.
Auſsi pour en tirer quelque éclairciſſement,
Sous pretexte du mal que tu ſçais qui m'acable,
I'ay fait venir Amech.

TERFILE.

Quoy, ce Mage admirable?
Cét homme ſi fameux, dont les moindres efforts
Rendroient en vn beſoin, l'ame & le iour aux morts?
Atlante, ſans mentir, ſon merite eſt extreſme.

ATLANTE.

Ie n'en doutay iamais, Terfile, c'eſt luy-meſme,
Scache donc, cher amy, que l'ayant conſulté,
Sur le triſte ſujet, qui trouble ma ſanté.
I'ay voulu reciter l'Oracle en ſa preſence,
Pour tâcher d'en auoir la vraye intelligence,
Ou bien pour obliger ce Medecin expert,
A veiller au ſalut de mon Fils qui ſe perd.

TERFILE.

Que vous a reſpondu ce docte perſonnage?

ATLANTE.

Les grands Dieux (m'a t'il dit) ont ſeuls cét auantage,
D'expliquer leur pensée, & l'homme eſt indiſcret,
Dont l'eſprit curieux veut ſçauoir leur ſecret;
Tâche à te conſoler, le mal qui te poſſede,
N'ira pas plus auant, le Temps eſt ton remede;
Mais de guerir ton Fils, ie ne l'eſpere pas,
Son amour durera iuſqu'apres le trépas,
Car dés qu'vne belle ame en reſſent la bleſſure,
On a beau conſulter, & l'Art, & la Nature,
Rechercher le ſecours du Ciel, & des Enfers,
Rien ne ſçauroit briſer le moindre de ſes fers:
Contre l'effort puiſſant de ce Dieu qui le bleſſe,
Ie manque de pouuoir, ie connois ma foibleſſe,
Et l'art des Medecins ne fait qu'vn vain effort,
Quand il penſe combattre, ou l'Amour, ou la Mort.
Mais (a t'il adiouſté) ſi le priuer de veuë,
Peut diuertir l'effet du charme qui le tuë,
Ie puis faire en ce point, ce que les Dieux ont dit,
I'ay des ſecrets cachez, rien ne m'eſt interdit,
Ie puis par la faueur d'vn ſecours ſalutaire,

Le retirer du mal que i'auray sceu luy faire.
A ce mot, ie l'aduoüe, vn tel estonnement
A surpris mon esprit en cét heureux moment,
Que i'eusse creu passer pour ingrat, ou Profane,
De ne le tenir pas pour Prestre de Diane:
En effect, si i'apprens qu'il ait eu le pouuoir
De rendre cét Amant incapable de voir,
Tersile dois-ie plus douter de mon remede?
Et que selon mes vœux l'oracle ne succede?
Philarque espousera, quelque amour qu'il ait eu,
Celle qu'on sçait muette, & pleine de vertu:
Il sera le mary de la sœur d'Aristée;
Pour cela, cher amy, i'ay son offre acceptée.

TERSILE.

Mais que pretendez vous par cét aueuglement?

ATLANTE.

Esclaircir son esprit, pour voir plus clairement
L'insigne lâcheté qu'Aristée a commise,
Ou que pour ce defaut l'Ingratte le méprise.

TERSILE.

Ce secret est fort beau, mais dangereux aussi.

ATLANTE.

I'en ay pris le hazard, n'en sois plus en soucy,
Et sçache qu'aussi tost que i'ay pû m'y resoudre,
Il m'est allé querir vne certaine Poudre,
Qui doit contre mon Fils agir si promptement,
Qu'elle tient du Miracle, ou de l'Enchantement,
Ainsi, la main tremblante, & le visage pâle,
Ayant pris cette Poudre, à Philandre fatale,
Afin que mon dessein eût bien-tost son effect,
I'ay de celle qu'il ayme, vn billet contrefait;
A l'Ingrat maintenant cette Lettre est portée;
Mais croyant y baiser le beau nom d'Aristée,
Ses yeux par la vertu du secret enfermé,
Perdront en vn moment le iour qu'ils ont aymé.

TERFILE.

Quoy que le mal fût grand, vôtre remede est pire;
Atlante est mon deuoir me force à vous le dire;
Helas! si de ses yeux la clarté s'obscurcit,
Si du Mage sçauant le secret réussit;
Quels Tragiques desseins peut enfanter la Rage,
Que la Fureur n'inspire à ce ieune courage?
Peut-estre que les Dieux par cét aueuglement,
Ont entendu parler de l'Esprit seulement;

Et sur vn sens douteux, vôtre humeur violente,
Veut au lieu de l'Esprit que le corps s'en ressente,
C'est estre trop cruel.

ATLANTE.

Quand le mal sera fait,
Ie puis, comme tu sçais, en détourner l'effet,
Quelques crimes si grands, dont Philarque m'offence,
Croy que le sang s'oppose aux traits de ma vengeance,
Ie luy rendray le bien, que ie luy veux rauir;

TERFILE.

Quel secours assez prompt vous y pourra seruir?

ATLANTE.

La plus pure des eaux du Temple de Diane,
Si le Mage ne ment; mais que veut Heliane?

SCENE II.

HELIANE, ATLANTE, TERFILE.

HELIANE.

E vous cherche par tout, pour vous entretenir,
Du plus rude accident qui peust nous aduenir;
Philarque ne void plus; sa douleur & ses larmes
Ont priué ses beaux yeux de lumiere, & de charmes.

ATLANTE.

Ton frere ne void plus!

HELIANE.

Helas! sur ce mal-heur

Consultez seulement mes pleurs, & ma couleur:
L'excés de son ennuy me rend Inconsolable;
Et si iamais la Parque, a mes vœux implacable,
Triomphoit de ses iours, quoy qu'ils soient mal-heureux,
Il ne faudroit ouurir qu'vn Tombeau pour tous deux.

ATLANTE.

Ce mal inopiné me surprend, & m'estonne.

HELIANE.

Le petit Alcinon a soin de sa personne;
Cét enfant qu'il cherit, luy tend ses foibles bras,
Et luy donne ses yeux, pour guides de ses pas.

ATLANTE.

Quel surcroist de malheur, que le Destin m'enuoye!
Mais deussé-ie en mourir, il faut que ie les voye;
Son crime, quoy que grand, ne m'en peut retenir;
Va, treuue le moyen de les faire venir.

HELIANE.

Ie vay vous obeïr; Ie les voy, ce me semble,

ATLANTE.

Tu ne te trompes pas; ils arriuent enſemble;
Cachons nous.

TERFILE.

Vainement vous faites tant de pas;
Si Philarque eſt Aueugle, il ne vous verra pas.

ATLANTE.

Alcinon void pour luy.

SCENE III.

PHILARQVE, ALCINON,

ATLANTE, TERFILE,

HELIANE,

PHILARQVE.

Ruelles Destinées.
Doncques tant de douleurs, l'vne à l'autre enchaisnées
N'auront iamais pour moy, ny relasche, ny fin?
Où suis-ie, dy le moy, mon mignon?

ALCINON.

Au iardin.

PHILARQVE.

Y sommes-nous tous seuls?

ALCINON.

N'en ſoyez point en doute;
Ceux que i'ay veu là bas, ont pris vne autre route.

ATLANTE.

Ne vous diſois-ie pas, qu'il a les yeux perçans.

PHILARQVE.

Belles fleurs, dont l'odeur eſt ſi douce à mes ſens,
Parterres tous brillans d'vne viue peinture,
Rameaux entrelaſſez, amour de la Nature;
Rares compartimens, promenoirs pleins d'appas,
Fontaines que i'entens, & que ie ne voy pas,
Sourds & muets teſmoins de ma peine infinie,
Admirez de mon ſort l'extreme tyrannie:
Tout mon mal & mon bien deux Enfans l'ont produit,
L'vn m'a creué les yeux, & l'autre me conduit;
L'vn eſt mon precipice, & l'autre mon adreſſe;
L'vn me traitte en Eſclaue, & l'autre me careſſe:
Ainſi de mon Deſtin le caprice voulut,
Que l'vn d'eux fuſt ma perte, & l'autre mon ſalut:
Effects prodigieux d'vne cauſe incogneüe,
Grands Dieux, ſi iuſqu'à vous ma plainte eſt paruenüe.

Tirez moy de la peine où l'Amour m'a reduit;
Mais peut-estre ie resue, Alcinon, il est nuit.

ALCINON.

S'il est nuit, c'en est vne, où le Soleil éclaire,
Et ie le sens plus chaud, qu'il ne l'est d'ordinaire:
Il seroit à propos de vous mettre à couuert,
Sous les arbres touffus de ce Boccage vert.

PHILARQVE.

Allons où tu voudras:

ATLANTE.

Cachons nous mieux, Tersile,
Des yeux de cét Enfant la lumiere est subtile:

ACINON.

Nous voicy dans l'allée, où mille arbres pliez,
Pour former vn Berceau, sont ensemble liez.

PHILARQVE.

Mon Fils, veux-tu me faire vne faueur extreme,

Ne sois point si long-temps ennemy de toy-mesme:
Suy le doux mouuement de tes ieunes desirs,
Hors de mon entretien cherche quelques plaisirs;
Puisque ton amitié merite vne Couronne,
Va me choisir des fleurs, & que ie te la donne.

ALCINON.

I'ay veu proche du bois, & sur le bord de l'eau,
Vn Parterre émaillé; si charmant, & si beau,
Que ie rencontreray dequoy vous satisfaire:

PHILARQVE

Il semble qu'on l'ait fait seulement pour te plaire,
Dépesche toy, mon Fils, va, laisse moy réuer,
Quand ie t'appelleray, tu me viendras treuuer.

ALCINON.

Ie vay, puisqu'il vous plaist.

PHILARQVE.

Philarque miserable,
Si tu doutois encor du malheur qui t'acable,
N'accuseroit-on pas dans ce déreglement,
Ton esprit & ton corps d'vn mesme aueuglement?

Ah ! mes yeux sont blessez d'une fatale atteinte,
De leurs foibles rayons la lumiere est esteinte ;
Ce feu que ie fais viure, & qui me fait mourir ;
A desseiché l'humeur qui la souloit nourrir,
Mais vn point me console en ma douleur extréme,
Je n'étois qu'Amoureux, & ie suis l'Amour mesme:
Ouy, ie suis tout pareil à ce Maistre des Dieux,
N'ayant plus comme luy de prudence, ny d'yeux ;
Quelque obstacle pourtant qu'on oppose à ma flame,
Le supplice du corps ne va point iusqu'à l'ame :
Ie voy mon Aristée, en ne la voyant pas,
Bien que i'en sois absent, ie la suy pas à pas ;
Et quand ie l'entretiens de ma flame secrette,
Sa bouche me répond, bien qu'elle soit muette.
Quelques fois ie luy dis ; Rare & chaste Beauté,
Ie ne perds malgré moy, le bien de la clarté,
Qu'apres estre tombé, pour t'aymer, & te plaire!
Dans vn aueuglement tout à fait volontaire.
Lors elle me répond, Philarque, assure toy,
Que ie ne manque aussi, ny d'Amour, ny de Foy.
Leur excés violant, tient ma langue captiue ;
Mais mon cœur t'entretient de sa peine excessiue ;
Et mon penser fidelle, autant qu'ingenieux,
Te parle incessamment, comme l'on parle aux Dieux.
Sa seule passion a causé son silence,
Elle la fait resoudre à cette violence,
D'entrer dans ces lieux saints, aux hommes interdis,
Dont sa seule presence a fait vn Paradis.

Helas! pour ne voir point ce malheur qui me tuë,
Que n'auois-ie perdu l'vsage de la veuë,
Ou celuy de la voix, lors que i'ay refusé,
Cét obiet que i'adore, & que i'ay méprisé;
Mais pourquoy l'ay-ie fait? la Ialousie offence,
Quand elle est mal fondée, & n'a point d'apparence.
La mienne estoit tres-iuste, elle auoit fondement,
Et l'accident passé m'excuse entierement;
Mon ame a pour le moins toûjours esté remplie,
En ce funeste estat, d'amour plus que de vie:
Car la ialouse humeur d'vn esprit amoureux,
N'est rien que son Amour, malade, & langoureux.

ATLANTE.

Il me fait grand pitié.

PHILARQVE.

Ie l'ay trop offencée,
Quand bien d'vn autre amour elle eût esté blessée,
Et qu'adorant Philiste, elle eût manifesté,
Son humeur infidelle, & sa legereté:
Charmé de ses appas, que ne l'aymois-ie telle?
Non non, ie ne l'ay pû, sans estre indigne d'elle,
Deuois-ie la quitter, pour la voir en prison?
Ha! ie m'accuse, Amour, ie n'ay pas eu raison,
Puis qu'en effet mon cœur étoit en cette Belle,

N'étois-ie pas außi prisonnier auec elle?
Nos yeux de l'œil du Ciel supportent moins l'ardeur,
Quand il sort de la nuë, auecque sa splendeur.
Au sortir de prison, comme d'vne autre nuë,
I'ay moins souffert l'éclat de l'Astre qui me tuë.
Mais, ô fait merueilleux! prodige sans pareil!
Ce bel Astre d'Amour surpasse le Soleil;
On en souffre l'éclat au trauers des nuages,
Et ce n'est qu'au trauers des funestes ombrages,
Dont on obscurcissoit sa Vertu, que deux dards
De ses yeux, vrays Soleils, ont esteint mes regards:
Icy par la rigueur de nos Loix immortelles,
On arrache les yeux à ceux qui sont rebelles,
Ie ne le fus iamais; & toutesfois ie croy,
Pour auoir paru tel à l'obiet de ma Foy,
Quand i'ay de son Amour rejetté l'innocence,
Que le Ciel a bien fait de punir mon offence:
Ouy, le Ciel m'a puny par mon aueuglement;
Et comme il est bon Iuge, il l'a fait iustement.

ATLANTE.

Dieux, qu'il est eloquent! la clarté de sa veuë,
Passe dans son esprit.

TERFILE.

Que ſon ame eſt émeuë!

PHILARQVE.

Pluton Dieu des treſors, la Fortune & l'Amour,
Ont tous les yeux fermez à la clarté du iour;
Et dans l'aueuglement, que les Dieux autoriſent,
Ils aueuglent auſsi tous ceux qu'ils fauoriſent.
Pluton ny ſes treſors ne me connoiſſent pas,
La Fortune iamais ne m'auança d'vn pas;
Il faut donc que d'Amour la puiſſance celeſte,
M'ait aujourd'huy reduit en vn eſtat funeſte;
Et cela fait qu'au lieu de pleindre mon mal-heur,
Ie me plais, & me flatte en ma iuſte douleur;
Puiſqu'en effet les yeux ſont les portes des vices,
De mon aueuglement, ie feray mes delices.
Hé bien, ie ſuis priué de la clarté des Cieux,
Eſt-ce pour s'étonner? beaucoup viuent ſans yeux,
Mais nul certainement, ne void priué de vie;
Comment donc ne ſeroit ma lumiere rauie,
Veu que ie ſuis priué de l'Objet precieux,
Qui fait toute ma vie, & luit ſeul à mes yeux?
Quand elle m'a paru ſi rude, & ſi farouche,
Elle m'a menacé de n'ouurir plus la bouche:
S'en allant en colere, elle a prié les Dieux,

Que

Que ie fusse priué de l'vsage des yeux;
Si donc ie ne puis plus, ny la voir, ny l'entendre,
C'est l'effet de ses vœux, m'en voudrois-je defendre?
Non, ne reuoquons pas vn si fatal Arrest,
Consentons sans murmure, à tout ce qui luy plait,
Mon cœur ayant receu le poison qui le tuë,
Par les conduits mortels de ma fatale veuë,
Il semble que les Dieux, au lieu de m'afliger,
Quand ils les ont fermés, ont voulu m'obliger.
Celuy perdit les yeux, qui vid Minerue nuẽ;
Ie les perds seulement, pour l'auoir méconnuë.
Il fut trop en effect, moy trop peu curieux,
Ie n'ay veu que son voile, & i'ay fasché les Dieux:
Admirez de mon sort l'extreme violence;
Celuy qui vid Minerue, expia cette offence,
Ie m'offense tout seul, en ne la voyant pas,
Et ie souffre vn tourment pire que le trépas.
Mais las! ie m'extrauague, en ma douleur extresme,
Et le mal que ie sens me met hors de moy-mesme.
Vn homme, à vôtre aduis, auroit il l'esprit sain,
Qui mourant se plaindroit de ne voir plus la main,
Qui d'vn coup de poignard l'auroit priué de vie?
Et moy, qui sens ma veuë en vn moment rauie,
Ie me plains seulement, lorsque ie me souuiens,
De ne voir plus les yeux, qui m'ont rauy les miens.

MEs desirs sont bien temeraires,
Ie veux deux choses bien contraires,
Voulant ce qu'elle veut, & desirant la voir:
Elle ne le veut pas, cette Belle inhumaine;
Et partant c'est chose certaine,
Que ie le veux, sans le vouloir.

Mais ie retourne encor en mon extrauagance,
Et sens que la cadance,
De mes tristes discours,
Est inégale, ainsi que le sort de mes iours.

Pour exprimer ce que i'endure;
Ainsi que mon Amour, ma Plainte est sans mesure;
Arrestons-en le cours, ie me suis emporté,
Ce chastiment m'est deu, ie l'ay bien merité.

Si le Ciel aujourd'huy, mon repos persecute;
Ce n'est donc plus qu'à moy, qu'il faut que ie l'impute,
De tous les déplaisirs que mon ame ressent,
Ie suis le seul Autear; mon Pere est innocent:
Dieux, comblez moy d'ennuis, ma perte est arrestée,
Mais conseruez les iours d'Atlante, & d'Aristée.

ATLANTE.

Ah! ma Fille, c'eſt trop, l'excés de ſa bonté,
A fléchy ma rigueur ; mon cœur eſt ſurmonté,
Ie me rends.

HELIANE.

Attendez.

PHILARQVE.

Alcinon, ma lumiere,
Reuien me ſecourir de ta faueur premiere,
Alcinon? ton ſilence eſtonne mes eſprits,
Comme ie ſuis aueugle, es-tu ſourd à mes cris?
Alcinon? Alcinon? ah douleur ſans ſeconde,
Mon eſperance & luy ſont tous deux dedans l'onde;
Sans doute il eſt tombé dans ce proche canal,
Qui nous eſt à tous deux également fatal:
Imprudent que ie ſuis, trop coupable Philarque,
De ton eſprit troublé ſa mort eſt vne marque.
I'ay failly le quittant, & ie dois aujourd'huy,
Eſtre nommé moins ſage, & plus enfant que luy:
Dé-ja l'eau de mes pleurs la clarté m'a rauie,
Alcinon me guidoit, l'eau l'a priué de vie;
Ainſi par la rigueur de ce traiſtre Element,

Ie demeure ſans veuë, & la perds doublement,
O rage! ô deſeſpoir! quel Demon fauorable
Soulagera mon cœur de ce fais qui l'accable?
Grands Dieux, qui d'vne nuit couurez mes plus beaux iours,
Parmy tant de malheurs, qui ſera mon recours?

ATLANTE.

Moy, qui veux appaiſer ta douleur violente.

PHILARQVE.

Iuſtes Cieux!

ATLANTE.

Ne crains rien, Philarque, c'eſt Atlante.

PHILARQVE.

Ah mon Pere!

ATLANTE.

Ah mon Fils! ceſſe de t'affliger,
Ton Aſtre eſt adoucy, ſon aſpect va changer;
Quand ie t'ay fait du mal, i'en ſçauois le remede,

Tes regrets m'ont touché, ma vengeance leur cede;
Et mon cœur, autresfois à ta perte animé,
Void ſa colere éteinte, & mon bras deſarmé:
Mais nous aurons ailleurs vn entretien plus ample,
Haſtons ta gueriſon, toy va iuſqu'à ce Temple;
Et puis que ſon enceinte abonde en belles eaux,
Apporte m'en icy dans de petits vaiſſeaux;
Et ſur tout, Heliane, vſe de diligence,
Pour ſoulager ton Frere, & mon impatience.

HELIANE.

I'y cours.

PHILARQVE.

Cét Element à mon bien eſt fatal,
Pourroit-il me guerir, m'ayant fait tant de mal?

ATLANTE.

Il te rendra le iour.

PHILARQVE.

Ouy, ſi iamais les ondes,
Ouurans le large ſein de leurs vagues profondes,
Me rendoient Alcinon, qu'elles ont englouty.

ATLANTE.

Croy que cela n'est point, ou qu'il en est sorty;
Ie le voy tout chargé de fleurs, qu'il a cueillies,
Et comme son chapeau, ses mains en sont remplies.

PHILARQVE

Dieux! seroit il possible?

ATLANTE.

Il accourt.

PHILARQVE.

Alcinon?

ALCINON.

Me voicy de retour.

PHILARQVE.

C'est donc toy, mon mignon?

ALCINON.

Si i'ay mis trop long temps, il faut qu'on me pardonne,
I'eusse apporté plutôt ces fleurs, que ie vous donne,
Mais courant dans le bois, ie m'étois égaré.

PHILARQVE.

Mon Fils, ie te croyois par les eaux deuoré;
Et craignois que les Dieux t'ayant pris pour Narcisse,
De ton propre miroir n'eussent fait ton supplice:
Ie leur suis obligé de ton heureux retour.

ATLANTE.

Philarque, il faut songer à te rendre le iour;
Donc puisque ie le veux, & qu'Heliane arriue,
Vien recouurer le bien, dont ma rigueur te priue:
Mon Fils, tu reuerras la lumiere des Cieux,
Si de l'eau qu'elle apporte, on te laue les yeux.

HELIANE.

Ce Temple n'a pour tout que trois viues fontaines,
Dont i'ay puisé de l'eau dans ces trois Porcelaines.

ATLANTE.

Approche, ie languis; donne moy ton mouchoir;
Courage; & bien, mon Fils, commences tu de voir?

PHILARQVE.

Non.

ATLANTE.

Il faut que d'icy ta guerison procede.
Vois-tu bien?

PHILARQVE.

Aussi peu;

ATLANTE.

Voicy donc ton remede.

PHILARQVE.

Ma guerison n'est pas l'ouurage des Mortels;
La main d'où ie l'attens, merite de Autels.

ATLAN-

ATLANTE.

Ie ſeray donc le Dieu qui fera ce Miracle;
Ne vois tu point encor?

PHILARQVE.

Non.

ATLANTE.

D'où vient cét obſtacle?
Cette dificulté commence à m'étonner;
Ie fais ce que le Mage a voulu m'ordonner;
Qui rend donc aujourd'huy mon ſecours inutile?
Amech nous le dira, va le querir, Terſile.

TERFILE.

L'Hyparque d'Helleſpont, ſur le point de mourir,
Aux ſecrets de cét homme a voulu recourir;
Et ie l'ay veu partir, pour ce fâcheux voyage.

ATLANTE.

Ah Dieu! de ſon forfait voila le témoignage,

De ce pretexte faux le Traitre s'est couuert,
Afin d'authoriser sa fuitte qui nous perd:
Ce Sorcier, dont le crime est digne de la foudre,
A trahy mon espoir, & la fatale poudre,
Par qui ie suis autheur de ton aueuglement,
Est l'effet malheureux d'vn charme seulement,
Le perfide a voulu que l'Enfer fut complice
De son noir attentat, & de mon iniustice;
Et ce traitre a bien sceu, par vn si lâche tour,
Contenter ma rigueur, mais non pas mon amour:
Mais l'Oracle en est cause, ah! ce penser me tuë,
Les Dieux ont bien voulu, qu'il fût priué de veuë,
Mais non pas que ma haine, & ma credulité,
Me rendissent l'autheur de cette cruauté:
Helas! ie suis puny, d'auoir par cét outrage,
Offensé la Nature, & détruit mon ouurage:
Appren, Philarque, appren, qu'vn sensible remors,
Me cause des tourmens pires que mille mors;
Apres t'auoir reduit en cét état funeste,
Te plaire desormais, est le soin qui me reste:
Si i'ay blessé le corps, ie gueriray l'esprit;
Cette rare Beauté, dont l'éclat te surprit,
N'est plus qu'vne Victime à ta gloire appretée:
Cher Philarque, en vn mot ie te donne Aristée:
Et veux, recompensant le mal que ie t'ay fait,
Qu'vne cause mauuaise, ait vn heureux effet,

PHILARQVE.

Ne me flattez vous point d'vne esperance vaine?

ATLANTE.

Non, mon Fils, c'en est fait, i'ay pitié de ta peine:

PHILARQVE.

Helas! pour acheter vn bien si precieux,
Ce n'estoit pas assez que de perdre les yeux;
Démembrez tout ce corps, pourueu que ie ne meure,
Ie seray trop content, si le cœur me demeure.

ATLANTE.

Ah! ce cœur par ma faute a beaucoup enduré,
Ton mal-heur doit finir, il n'a que trop duré.
Ie m'en vay de ce pas, mesnager la sortie
De la Beauté qui fait ta meilleure partie.
Dispose ton esprit à luy donner sa foy;
Et pour me rendre heureux, mon Fils, console toy.
Mais l'Oracle m'a dit, qu'il auroit la Muette,
Quoy donc, apres auoir d'vne hayne indiscrette,
Offensé si souuent, ce que i'aimois le mieux,

Pourray-ie violer ce que ie dois aux Dieux?
Il faut qu'en ma faueur, l'Oracle i'interprete;
Aristée a tantôt paru comme Muette;
Ie la voy vertueuse, & c'est cette Beauté,
Dont les Dieux aujourd'huy mon espoir ont flatté:
Diane la receut, pour plaire à mon enuie;
Elle me la rendra, pour me donner la vie.
Donc encore vne fois, mon Fils, console toy;
Ie m'en vay te querir cét Objet de ta Foy.

Fin du quatriéme Acte.

ACTE V.

SCENE I.

ATLANTE, PHILARQVE Aueugle. TERFILE, ALCINON.

ATLANTE.

Console toy, mon Fils, nous auons ta Maistresse;
Ce n'est plus dans vn Temple où l'on void ta Deesse.
Nous l'auons desgagée, & pour rompre ses fers,
Il n'est point de tourmens que nous n'ayons souffers:
L'adresse de sa Mere, & l'effort de ses larmes,
Ont fait ce que n'eust peu la puissance des charmes;
Et nostre soin commun a si bien reussi,

Que si tu voyois clair, tu la verrois icy.

PHILARQVE.

Quelques yeux penetrans que l'on donne à Lyncée,
Ie voy plus clair que luy, des yeux de la pensée;
Quelque part que tu sois, beau miracle des Cieux,
Ie te voy, ma Deesse, ainsi qu'on void les Dieux,
C'st pour toy que ie vis, c'est en toy que i'espere.

TERFILE.

Ces compliments sont bons, mais non pas à ton Pere:
Modere tes desirs, aussi bien que tes pas.

PHILARQVE.

Vn amour violent ne se modere pas,

ATLANTE.

Certes i'ay pour Philarque vne telle tendresse,
Que ie cheris l'amour qu'il a pour sa Maistresse.

PHILARQVE.

Est elle icy, Terfile?

TERFILE.

Appaiſe ta langueur,
Ta maiſtreſſe eſt icy, puis qu'elle eſt dans ton cœur.

PHILARQVE.

Il eſt vray, ſes beautez ſont peintes dans mon ame;
Dans mon aueuglement ie voy luire ſa flame.
Bel Aſtre de ma nuict, ie beny ton retour;
Mais vois-tu, cher amy, l'objet de mon amour?

TERFILE.

Ie voy bien ton amour dans l'excés de ton Zele,
Mais non pas cét Objet, qui te rend ſi fidelle.

ATLANTE.

Tu le verras bien-toſt.

PHILARQVE.

Que n'ay-ie encor des yeux!
Mais comment à t'on pû la tirer de ces lieux?

ATLANTE.

Déja la ſage Olinthe, en diuerſe maniere
Auoit ioinct la menace auecque la priere,
Sans auoir pû fléchir cét eſprit reuolté
Contre les iuſtes loix de ſon authorité;
Lors que par mes aduis, qu'elle croit ſalutaires,
Elle a dit en vn mot à ſes Filles auſteres,
Que l'on auoit trouué l'art de les deceuoir,
N'ayant pas Lycoris, qu'elles penſoient auoir;
Qu'elles tenoient l'Aiſnée, & non pas la Cadette,
Vne Fille qui parle, au lieu d'vne Muette.
Olinthe a beau iurer, & faire des ſermens,
Prendre à teſmoin les Dieux, & tous les Elemens;
Elle n'imprime rien dans leurs fauſſes creances,
Que de nouueaux ſoupçons, & d'autres deffiances:
Ainſi tous nos deſſeins s'en alloient renuerſez.

PHILARQVE

Mais comment ces ſoupçons ſe ſont ils effacez?

ATLANTE

Deux Filles ont ſurpris leur compagne Ariſtée,
Les yeux leuez au Ciel, de zele tranſportée;
Qui dans ces lieux ſacrez, & dans le fonds du bois,
In-

Inuoquoit en pleurant Diane à haute vois:
Cette voix a d'abord passé pour vn Miracle;

PHILARQVE.

Et c'est de mon bon-heur le veritable Oracle:
Ie suis sans yeux, mon Pere, & pourtant ie voy bien,
Que de cét accident doit naistre tout mon bien,
Mais ie vous interromps.

ATLANTE.

Cette voix d'Aristée,
A la grande Prestresse est soudain rapportée,
Qui la fait appeller, pour éclaircir ce point;
D'abord qu'elle luy parle, elle ne respond point:
La Verité la presse, & sa bouche est contrainte,
De descouurir enfin le sujet de sa feinte;
La Prestresse consent qu'elle quitte ces lieux;
A ce mot deux ruisseaux s'écoulent de ses yeux,
Vn long soûpir se mesle aux discours de sa bouche.

PHILARQVE.

La douleur qu'elle sent, est celle qui me touche.

ATLANTE.

On la veut retirer de ces austeritez,
Elle oppose a cela mille difficultez;
Elle nous confond tous de responses subtiles,
Et rend par ses raisons les nostres inutiles;
Alors ie l'entreprens, & d'vn discours flateur,
Ie luy dy que Filiste estoit vn Imposteur;
Et pour ne rien cacher de sa malice extreme,
Ie prouoque Filiste à la conter luy mesme,
Luy que i'auois exprés fait sortir de prison,
Par ce chemin secret qui meine à la maison.
Puis ie dy que ton cœur adorant ceste Belle,
S'entoit tousiours le feu qui l'embrasa pour elle;
Quand vn traict de ses yeux te rendit son Amant
Qu'elle estoit cause enfin de ton aueuglement.

PHILARQVE.

Hé bien, qu'a t'elle dict?

ATLANTE.

Lors pasle & toute esmeuë,
Pour plaindre auecque toy la perte de ta veuë,
Elle a quitté le voile, & la profeßion,

Qu'elle auoit embraßée à ton occasion.

PHILARQVE.

Dieux! que me dites vous?

ATLANTE.

Vn discours veritable:

PHILARQVE.

O puissance du Ciel, que tu m'es fauorable!
Ie ne meritois pas ce fruict de ta bonté,
Mon espoir estoit mort, tu l'as ressuscité.

SCENE II.

ATLANTE, PHILISTE, PHILARQVE, TERFILE, ALCINON,

ATLANTE.

Ilifte vient tout ſeul, qu'as-tu fait d'Ariſtee?

FIILISTE.

Elle vient apres moy, mais d'ennuis agitée;
Pour la tirer de là, que de peines bons Dieux!
I'euſſe auſſi-toſt tiré tous les Aſtres des Cieux.

ATLANTE.

C'eſt vn effect d'Amour, dont le pouuoir m'eſtonne.

FILISTE.

Diane l'auoit prise, Amour nous la redonne.
Philarque, en ton mal-heur que ie t'estime heureux!
Ie te voy plus aymé, que tu n'es amoureux,
Aristée est à toy, la voicy qui s'aduance.

PHILARQVE.

O de mes maux passez l'aimable recompense!
Courons vers cét Objet, si charmant, & si cher.

ALCINON.

Tu t'éloignes, Philarque, au lieu de t'approcher.

PHILARQVE

Helas! si ie le fais, c'est contre ma pensée:
Pardon diuin Objet, dont mon ame est blessée;
Et croy, quand ie m'esloigne, en cherchant tes appas,
Qu'à l'erreur de mon pied mon cœur ne consent pas,
Qu'on me mene à l'Autel, car ie suis la Victime,
Que i'y veux immoler, pour expier mon crime.

SCENE III.

OLINTHE, ARISTEE, PHILARQVE, TERFILE, ATLANTE, ALCINON, HELIANE.

OLINTHE.

A Fille, cognois-tu ton malheureux Amant?

ARISTEE.

I'aurois bien peu d'Amour, & moins de iugement.

PHILARQVE.

Quel rayon de plaisir dissipe ma tristesse!
Ouïe réue, ou i'entens la voix de ma Maistresse;
Que ne puis-ie la voir, aussi bien que l'ouir!
Faites, mon beau Soleil, ceste ombre éuanoüir;

Et puis que dans mon ſein voſtre ardeur eſt encloſe,
Comme i'en ſens l'effect, faictes m'en voir la cauſe,
Eſt-ce vous?

ARISTEE.

Ouy, ie ſuis celle que vous penſez.

PHILARQVE.

Helas! & moy ie ſuis celuy que vous bleſſez.
Ie ſuis ce Malheureux, cét Amant déplorable,
Qui pour auoir faſché le ſujet adorable,
De qui la volonté me doit eſtre vne Loy,
Ne ſçaurois plus le voir, bien qu'il ſoit deuant moy,
Et dans l'aueuglement de ma faute groſſiere,
Les Dieux ont eu raiſon d'eſteindre ma lumiere;
Puis qu'en voyant ſon bien, elle l'a mépriſé,
Pour ſuiure ceſte erreur, dont i'eſtois abusé.
Infidelles clartez, contre moy reuoltées,
Dans quelle extremité vous eſtes-vous iettées?
Quand vous viſtes ſortir ma Nymphe de priſon,
Pourquoy l'accuſiez-vous de quelque trahiſon?
Vous liſiez ſur ſon front, qu'elle en eſt incapable,
Et vous rendiez pourtant l'Innocence coupable.
Tyrans de mon repos, regards mal-aſſeurez,
Iadis guides trompeurs de mes ſens eſgarez,

Me la fistes vous pas encore méconnoistre,
Quand sous vn voile austere on me la fit paroitre?
Quoy que de ces erreurs ie sois assez puny,
Et qu'en effet ie souffre vn tourment infiny;
Qu'il ne soit point de dueil, que le mien ne surpasse,
Ie ne croy pas encor meriter vôtre grace;
Vous demander pardon, n'est-ce point trop oser?

ARISTEE.

Rare & fidelle Amant, ne viens point t'accuser;
Ie te croy trop parfait, pour t'estimer capable,
D'vn mal dont mon Destin a seul esté coupable.

PHILARQVE.

O bonté merueilleuse!

ATLANTE.

Elle est grande en effect;

OLINTHE.

Et Philarque a raison d'en estre satisfait.

PHILAR-

PHILARQVE.

Encore que mon cœur n'ait plus lieu de se plaindre,
Lors que i'espere tout, i'ay quelque chose à craindre.
I'aprehende en l'excés du trouble où ie me sens,
D'auoir ainsi perdu le plus beau de mes sens;
Qu'ainsi que de mes yeux la lumiere est esteinte,
Vôtre ardeur ne s'éteigne;

ARISTEE.

Estouffez cette crainte,

PHILARQVE.

Mais si tous mes mal-heurs, me font voir vôtre foy,
Que feray-ie pour vous, Aristée?

ARISTEE.

Aymez moy.
Ie iure par ce Dieu, dont vous sentez les charmes,
(Et ie vous le confirme encore par ces larmes)
Que vostre amour me touche, & qu'il m'est precieux;
Que ie sens plus que vous la perte de vos yeux;
Que sans eux ie vous ayme, & que ie meurs d'enuie,
De vous rendre le iour, aux despens de ma vie.

PHILARQVE.

Faictes, belle Aristée, vn choix digne de vous;
Quoy que plus mal-heureux, mon sort sera plus doux.

ARISTEE.

Ton sort, qui m'est fatal, t'a priué de la veuë,
Hé bien i'en paroistray, comme toy dépourueuë;
Car mes yeux n'estans faits, que pour toy mon espoir,
De qui seront-ils veus, si tu ne les peux voir?
Si tu ne veux que moy, rien ne manque à ta ioye,
Amour, veut que par tout, ie te suiue, & te voye.

PHILARQVE.

Vous m'aimerez sans yeux?

ARISTEE.

N'ayme t'on pas l'Amour?

PHILARQVE.

On l'ayme comme Amant, bien que priué du iour.

ARISTEE.

Hébien n'es-tu pas tel? mon ame en est rauie,
Ie te cheris ainsi cent fois plus que ma vie,

PHILARQVE.

Y dois-ie consentir, en l'estat ou ie suis?

ARISTEE.

En oses-tu douter? tu le dois.

PHILARQVE.

Ie ne puis.
Offrir à vos Autels vne offrande imparfaicte;

ARISTEE.

Tu me reiettois donc, lors que i'estois muette?

PHILARQVE.

Vous me parliez du cœur:

ARISTEE.

Hé que fait ton esprit?
Il me void, tu le sçais, c'est luy qui te prescrit
De m'aimer ardamment; en ton scrupule extreme,
Pren mes yeux, puis en toy ie m'aimeray moy-mesme,
Ou si tu l'aimes mieux, digne obiect de ma Foy,
Ie les arracheray, pour estre égale à toy.

PHILARQVE.

C'est trop, n'en dy pas tant, ie me noye en mes larmes,
Prens moy tel que ie suis, mon Cœur te rend les armes;
Iusqu'icy mon amour m'a defendu d'oser
Ce que ce mesme Amour ne peut plus refuser.

ARISTEE.

Ha! que tu me rauis, asseure-toy, Philarque,
Qu'ainsi nous brauerons le Destin, & la Parque;
Nous n'aurons qu'vn flambeau, qu'vne vie, & qu'vn cœur,
Ie seray ta maistresse, & toy mon doux Vainqueur:
Ouy, ta nuict me sera plus belle qu'vne Aurore;
Le Soleil ne void point, cependant on l'adore,
Il conduit, il éclaire, il forme les appas
De ce monde admirable, en ne le voyant pas;
Ainsi, quoy que sans yeux, Obiet charmant & rare,

Tu ſeras mon Soleil, ma conduite, & mon Phare.
Tu n'en as plus beſoin, Philarque, aſſeure toy,
Que les miens te ſçauront bien mieux guider que moy,
Puis que toûjours collez deſſus l'objet que i'aime,
Ils ne pourront manquer, ſi ce n'eſt à moy meſme.
La perte de tes yeux accroiſtra ton amour,
Te cachant mes deffauts, qui paroiſſent au iour;
Et l'vſage des miens, qui cherchent à te plaire,
Tirera meſme effect, d'vne cauſe contraire,
Puis que ie ne veux plus deſormais m'en ſeruir,
Que pour connoitre en toy, ce qui me peut rauir.
Penetrant au trauers de cette nuict obſcure,
L'éclat de ta Vertu, ſi conſtante & ſi pure.
Quand on a les yeux clos, dans cét aueuglement,
L'eſprit penetre mieux, & void plus clairement:
Ainſi tu verras mieux, dans ta lumiere eſteinte
La viue Paſſion, dont mon ame eſt atteinte:
Dieux! me voulez vous mettre au comble de tous biens!
Ou rendez luy ſes yeux, ou luy donnez les miens.

PHILARQVE.

Quel ſecret mouuement eſt celuy qui l'emporte?
Amour, vis-tu iamais vne flame ſi forte!
Me ſouhaitter ſes yeux, pour finir ma langueur!
Qu'elle garde ſes yeux, & me donne ſon Cœur.

Quand on la crût muette, à l'égal d'vne ſouche,
Helas luy vins-ie offrir, & ma langue, & ma bouche;
Ce n'eſt pas que ſon feu ſoit plus grand que le mien,
Mais c'eſt que mon ouurage eſt moindre que le ſien.

ARISTEE.

Lors que i'eſtois Muette, ou que ie feignois l'eſtre.
Mon ame vous parloit, ſans le faire pareſtre:
Vous ne pouuiez reſpondre à mes ſecrets diſcours,
Vn langage muet ne trouue que des ſourds;
Et comme ſi le cours des Fortunes humaines
Touſiours aux premiers maux adiouſtoit d'autres peines,
Maintenant que ie parle, & que vous m'entendez,
Vous ne me ſçauriez voir, quand vous me répondez,
Que ceſte affliction ſenſiblement me touche!

PHILARQVE.

Ie vous parle du Cœur, bien mieux que de la Bouche;
Et ſi ie n'eus des yeux que pour voir vos attraits,
Dans mon aueuglement i'en vois encor les traits.
Des yeux de mon eſprit, ie voy voſtre viſage,
Comme on void le Soleil au trauers d'vn nuage.

ATLANTE.

C'eſt aſſez, mes Enfans, ſouſpirer vos mal-heurs,

Voicy le iour fatal qui doit ſecher vos pleurs:
Embraſſez vous, tous deux, tous deux n'ayez qu'vne ame,
Philarque eſt ton eſpoux, Ariſtée eſt ta femme.

PHILARQVE.

I'auray mon Ariſtée?

ATLANTE.

Ouy Philarque?

PHILARQVE.

Ha bons Dieux!
Vous me tirez d'vn gouffre, & m'eleuez aux Cieux.
O fauorable Autheur du bien de ma naiſſance!
Quel heur eſt comparable à ceſte iouiſſance?
Receuez ce baiſer de voſtre cher Eſpoux,
Et captiuez ce corps, dont l'eſprit eſt à vous.

ARISTEE.

Receuez ce baiſer de celle qui vous ayme,
Et qui pour eſtre à vous, ceſſe d'eſtre à ſoy meſme.

OLINTHE.

Dieux ils pleurent de ioye, et noyent dãs leurs pleurs,
Le fascheux souuenir de leurs tristes mal-heurs.

PHILARQVE.

Quel prodige, bons Dieux! ô merueille inconneuë!
Vos pleurs m'ouurent vn œil, & me rendent la veuë.

ARISTEE.

Dites vous vray, mon ame! Helas que voyez-vous?

PHILARQVE.

Tout ce que l'on peut voir, de charmant, & de doux;
En vous voyant, ie voy mille graces écloses:
Sans vous ie ne voy rien, vous m'estes toutes choses.

ARISTEE.

Sans doute il void le iour!

PHILARQVE.

Ie le voy dans vos yeux;

Mais

Mais plus beau mille fois, qu'on ne le void aux Cieux;
Et par le doux éclat des rayons qu'il m'enuoye,
Il me rend tout d'vn coup la lumiere, & la ioye.
Mon Pere, que le Mage a dit auec raison,
Que i'obtiendrois enfin l'heur de ma guerison,
Par la vertu d'vne eau la plus pure du monde!
Vous estes vne source en pureté feconde,
Et l'Oracle s'accorde auec la Verité,
En parlant de vos pleurs, miracle de Beauté:
Ainsi ne pensez plus que vous soyez coupable
De mon Aueuglement, qui fut ineuitable;
Au contraire aujourd'huy vous me témoignés bien,
Que l'autheur de mon estre est celuy de mon bien;
Me rendant la Beauté que lon m'auoit rauie,
Vous me rendez ensemble, & les yeux, & la vie.

STANCES.

PHILARQVE.

QVoy que i'ayme ma guerison,
Ie cheris mon remede auec plus de raison,
Mon ame en est rauie, & mes sens s'en étonnent;
O larmes! ô baisers! ô biens delicieux!
Si dés que ie voy clair, vos douceurs m'abandonnent,
Pour vous goûter encor, ie veux estre sans yeux.

ARISTEE.

QVoy que d'vn vray plaiſir ie reſſente
les charmes,
Puiſque mon cher Philarque a be-
ſoin de mes larmes,
Ie veux toûjours pleurer, pour charmer ſon
ennuy; (ſole;
Mon depart l'affligeoit, mon regard le con-
Ie luy rends la lumiere, il me rend la parole,
Il ne vit plus qu'en moy, ie ne vis plus qu'en
luy.

ATLANTE.

Puis que vous n'étes pas de pitié dépourueuë,
Baiſez-le, pour luy rendre entierement la veuë:
Il ne void que d'vn œil.

ARISTEE.

Hé quoy, mon cher amy,
Penſez vous que ie face vn miracle à demy?

OLINTHE.

Elle baiſe Philarque, & ſans ceremonie;
Mais ſi de ces baiſers la puiſſance infinie,

Donne en effet des yeux, dont les traits sont aigus,
Ie crains.

ATLANTE.

Que craignez-vous?

OLINTHE.

Qu'il ne deuienne Argus.

PHILARQVE.

Que ce bon-heur est grand, que le Destin m'enuoye!
Mon Cœur nage à souhait, dans vn fleuue de ioye.

ATLANTE.

Il fait tout ce qu'il peut, pour recouurer ses yeux.

PHILARQVE.

Ils sont tous deux gueris, ô charme gracieux!
Mais de peur de les perdre, il faudra que sans cesse,
Ie les tienne collez, sur ceux de ma Maistresse;
Source de mon amour, comme de ma clarté,
Ne me refusez pas cette felicité.

ARISTEE.

Hé bien, ſoyez heureux, & que pas vn n'en doute.

ALCINON.

Vous n'eſtes point aueugle, ou bien ie ne voy goute.
Vous voyez Ariſtée, auſsi bien comme nous,
Et vous la baiſez tant, que i'en deuiens ialous,
Vous l'aymez plus que moy, c'eſt pource qu'elle eſt belle;
Qu'elle vous meine donc, ie vous laiſſe auec elle.
Adieu, mon Oncle, Adieu, ie tourne ailleurs mes pas.

PHILARQVE.

Arreſte, mon mignon, tu ne t'en iras pas.
Ie cheris Ariſtée, ainſi que ma Maiſtreſſe,
Et toy comme mon Fils; vien, qu'elle te careſſe:
Aymez-le, ie vous prie.

ARISTEE.

Hé bien, ie l'aimeray,
Ie luy feray careſſe, & ie le baiſeray.

ALCINON.

Elle a par ſes baiſers ma colere appaisée;

Ha! que ie verray clair, puisque ie l'ay baisée!

ARISTEE.

Tu veux que ie le guide, Alcinon, ie le veux,
Pour le mener au Temple, où ie dois mille vœux;
I'en ay fait vn pour toy, qu'il est temps que i'acquitte:
Ne le differons plus, mon cœur, allons y vite.

PHILARQVE.

Ie vous suiuray par tout, où vous voudrez aller,
I'iray, quand sur l'Autel on deuroit m'immoler:
Là ie reclameray dans l'ardeur de ma flame,
La Deesse du Temple, & celle de mon ame.

HELIANE.

Il faut que ie vous suiue en ce lieu de repos,
Mais pour y demeurer:

PHILARQVE.

Ma sœur, à quel propos
Oserois-tu troubler les plaisirs de ton frere?

HELIANE.

Croy que iamais Hymen ne te seroit prospere,

Si prenant Aristée, entre les bras des Dieux,
Quelqu'autre n'occupoit vn lieu si precieux:
Ie veux à cét effet, me rauir à moy-mesme,
Et n'aimer iamais rien, à cause que ie t'aime.

PHILARQVE.

Cette amitié t'impose vne contraire loy:

HELIANE.

Les Dieux, & la Raison veulent cela de moy.

PHILARQVE.

Ce dessein est trop prompt:

HELIANE.

Mais il est legitime;
Et ie seray bien-tost ou Prestresse, ou Victime.

PHILARQVE.

Mon cœur en est troublé:

HELIANE.

Le mien en est rauy.

PHILARQVE.

Mon triomphe sera de ta perte suiuy,

HELIANE.

Ne me dérobez point la gloire qui m'est deuë;
Ce que l'on donne aux Dieux, est-ce chose perduë?

PHILISTE.

Vous consommez le temps en discours superflus,
Terminez ce debat, & ne contestez plus.
Sous le nom de Riual, ou plustost d'aduersaire,
I'ay les Dieux offensez, ie les veux satisfaire.
C'est à moy seulement, qu'il doit estre permis,
De reparer ainsi le mal que i'ay commis.
Quand on veut expier vn forfaict punissable,
On laisse l'Innocent, pour prendre le Coupable.

HELIANE.

Enfin mon cœur touché se consacre aux Autels;

PHILISTE.

Et moy, qu'vn repentir blessé de coups mortels,

Rauy de ta vertu, digne d'auoir vn Temple,
En me donnant aux Dieux, ie ſuiuray ton exemple.

ATLANTE.

Ie n'ay point de raiſons, pour les en diuertir.

OLINTHE.

Puiſque le Ciel le veut, il y faut conſentir.

ATLANTE.

Ainſi de point en point l'Oracle s'effectue;
Philarque m'obeït, & recouure la veuë;
La vertu d'Ariſtée éclatte viuement,
Son ſilence, & ſa voix, l'aprouuent clairement;
Diane ne perd rien, vn coup de la Fortune,
Luy donne en ce moment deux Victimes pour vne;
Et l'amour a produit tous ces heureux effets,
Dont nos yeux ſont rauis, & nos cœurs ſatisfaits.

FIN.

www.ingramcontent.com/pod-product-compliance
Lightning Source LLC
Chambersburg PA
CBHW072110090426
42739CB00012B/2913

* 9 7 8 2 0 1 2 1 6 8 9 9 2 *